芳菲年华

主　　编：北京大学中文系主任博士生导师
　　　　　温儒敏
　　　　　北京师范大学中文系博士生导师
　　　　　王富仁

吉林人民出版社

图书在版编目(CIP)数据

芳菲年华 / 温儒敏,王富仁主编 . —2 版 . —长春:
吉林人民出版社,2011.8
(中学美文读本)
ISBN 978 - 7 - 206 - 03826 - 6

Ⅰ.①芳… Ⅱ.①温… ②王… Ⅲ.①散文—文学欣赏—世界
②随笔—文学欣赏—世界 Ⅳ.①I106.6

中国版本图书馆 CIP 数据核字(2011)第 180664 号

芳菲年华

主　　编:温儒敏　　王富仁
责任编辑:张立华
吉林人民出版社出版发行(长春市人民大街 7548 号 邮政编码:130022)
网　　址:www.jlpph.com
全国新华书店经销
发行热线:0431 - 85395845　85395821
印　　刷:北京嘉业印刷厂
开　　本:650mm×960mm　1/16
印　　张:15　　　　　　字　数:200 千字
标准书号:ISBN 978 - 7 - 206 - 03826 - 6
版　　次:2011 年 9 月第 2 版　　印　次:2016 年 8 月第 4 次印刷
定　　价:29.80 元

如发现印装质量问题,影响阅读,请与出版社联系调换。

这几年，文学圈儿内鼓噪得不像个模样儿，什么怪诞的、荒谬的、离奇的、粗俗的……各式各样的文学流派粉墨登场，闹得花哨，闹得热火，闹得门前冷落读者稀，还嫌不够来劲，不够刺激。于是，把"美女作家""新新人类"再推上前台，涂脂抹粉，扭腰摆臀，以争取新的亮点儿。

我们姑且把此类文学称之为"泡沫文学"，泡沫者，一闪即逝之物也。文学圈儿内倘若揉进了这类东西，那就无异于假冒伪劣商品，扰乱社会，坑害民众，甚至会致人残疾夺人性命——把文学硬是弄成非驴非马的模样儿，这是整个文学界的悲哀呵。

当然，这些年，我们的文学也有鲜亮的一面，有清新的空气，且不说那些重量级的作家推出的重量级的作品，就是一些野花小草，也丛生争妍，并时不时透出点儿韧劲儿，透出点儿暗香，叫人痴迷得癫狂不已，欲罢不能。

选编《中学美文读本》这套丛书的目的，就是想把散落于各地的野花小草集中起来，培以土壤，施以水肥，以供读者鉴赏。文体以时下较受青睐的精短散文、随笔为主，内容上讲究可读性、独创性和哲理性，有缠绵的情思，悠扬的春曲，亦有心灵的感悟，深沉的反醒。随手撷来，总有些油盐酱醋蕴含其中，让人几多回味，几多思索。

世纪之声交融，野花小草吐芳。

愿滂沛之文风常吹，精神之枝干常绿。

编 者

目录

阳光季节

成长	陈文佳	3
开在哪儿都是玫瑰	叶 磊	5
走进这一方风景	华 强	7
微笑人生	朝 勃	8
好男儿，一生骑在马上	歌 手	10
新人类宣言	卢 苇	12
玄妙的时刻	班 马	14
窗外的青春	林 晶	16
希望	君 杨	19
美丽人生	张 琳	21
今晚，月亮最明亮	乔 霜	23
生命的艺术	郭瑞昕	25
严冬开放的五朵小花	张江华	27
有缘相伴	赵彦峰	29
飞翔	李济南	31
失去的克里特岛	王 默	33
艳艳的火花	阎 金	35

萌动季节

熟悉的人太陌生　　　　　刘　墉 39

爱情到老　　　　　　　　黄伯益 41

爱情如雪　　　　　　　　刘卫京 43

因为爱你　　　　　　　　少　君 45

爱也有度　恨也有度　　　谷　莉 47

看着我的眼睛　　　　　　赵金禾 49

夜阑人语　　　　　　　　戴　衍 50

一句话一辈子　　　　　　丽　然 53

流动的风景　　　　　　　彭学文 55

只想让你看见我　　　　　张丽钧 57

一道心理测试题　　　　　陶粲明 59

相约在酒吧　　　　　　　刘　鑫 60

闵苇的爱情　　　　　　　周俊伟 62

感谢庄重　　　　　　　　张玉庭 64

心雨　　　　　　　　　　侯清华 65

翻读旧情书　　　　　　　风　儿 67

回忆是止痛药　　　　（香港）张小娴 69

永远的关系　　　　　（香港）张小娴 71

相貌问题　　　　　　　　雷　雨 73

爱是什么　　　　　　（香港）张小娴 74

让我为你讲个故事　　　　郭　葭 75

思念　　　　　　　　　　韩淑芳 77

爱情是风景　　　　　　　寒　山 78

梅雨季节

孤独的能力	刘　墉	81
我的矛盾	邹　滇	83
沿着忧郁行走	肖　苗	85
珍惜现在	阿·红	87
我爱皮菜花	钱　曲	89
泥墙上的小花	柳青岛	91
放手的爱	吴　今	93
为高处的灵魂守望一生	段正山	95
那目光改变了我的一生	言　声	97
海哭的声音	郑　燕	99
良知的嘉许（外一篇）	魏剑美	101
遥望	肖　苗	103
校花	李　云	104
人生一瞬间	金　月	106
上代　这代	蒋　震	108
人在山旁	徐　丰	110
成长，无奈的脚步	王冬鸽	112
远与近	贾　琼	114
忍耐的一天	沈媚娜	115
心事	王晓靓	118
人	蔡雨玲	120

蓝梦季节

最朴素的实事　　　　罗　西　125

感动　　　　　　　　刘　墉　126

三步舞出一个圆　　　高红干　128

生活在深处　　　　　王　飙　130

莫忘幸福　　　　　　凌　志　132

感谢音乐　　　　　　伟　熙　134

雪的面目　　　　　　林清玄　136

鳄鱼尾巴　　　　　　刘　妍　138

做你自己　　　　　　刘　琪　139

对弈　　　　　　　　何　灵　141

生生不息　　　　　　柯　南　143

假如记忆可以移植　　徐　佳　145

月上柳梢头　　　　　余达人　147

天使　　　　　　　　秀　丽　149

玫瑰季节

离别的日子　　　　　柴燃恒　153

从未拨打的电话　　　亚　楠　155

一笑千金　　　　　　毛志成　156

谁是我的朋友　　　　刘兴华　159

真爱至尊　　　　　　瑞　明　161

朋友走好　　　　　王　晖 163

诠释友谊　　　　　阿　易 165

信任　　　　　　　万国义 167

心中有爱　　　　　吴　庆 169

烟雨江山　　　　　胡双庆 171

朋友　　　　　　　王　默 174

人生得一知己足矣　夏　颖 177

宽容　　　　　　　吕佳清 179

美丽瞬间　　　　　刘　墉 181

感谢生活

走向大海　　　　　林平良 185

十一只康乃馨　　　章　苒 187

乌塔　　　　　　　王晓洁 190

伤心的苹果　　　　张　爽 193

好好挺着　　　　　魏　风 195

一百二十个雪兵　　曾有情 198

一元钱的故事　　　萍　萍 201

书房梦想录　　　　陈兆平 203

青春无美衣　　　　飘　飘 205

世纪英雄　　　　　张　筱 208

致严父　　　　　　邱剑英 210

另起一行　　　　　大　卫 212

失败了，不后悔　　　云海辉 214

渡河少年　　　戎　林 217

生命如雨　　　晓　苒 219

雨夜独步　　　陈开心 221

走不出那座山坡坡　　　陈开心 223

握手　　　吴　雯 225

追求是生命的活力　　　莲　子 227

别开枪，我有成功的预感　　　唐小峰 229

阳光季节

■ 成 长

>> 陈文佳

无需知道中年是一部小说，壮年是一篇散文，老年是一套哲学，我想我已明白：成长是一种感觉。

成长，什么是成长？我竟没有一个结论。并且感到一阵空虚，一片茫然，那么请让我闭上双眼，轻轻的去寻成长。

童年是一幅画，我想应该是清新的水粉画吧，不应像水彩那般透明，也不应似油画那般沉重。记忆中的片断是梳着羊角辫，背着大书包的我笑嘻嘻地向爷爷讨钱上学去，爷爷那时总是坐在藤椅上，沐浴着和煦的阳光，见我讨钱，也笑嘻嘻的说："要好好学习。"并将钱给我，不过是一毛、两毛，我便高高兴兴地上学去了。然而，一生一世不能忘记的却是这画面。爷爷那布满鱼尾纹的眼角，稀落的长胡须以及藤椅发出的"吱吱"声，温和的阳光一直在我的周围，我一直都可触摸到这种感觉……少年是一首诗，我想应是清新的小诗吧，不应像格律诗那般工整，也不应似散文诗那般绚丽。只有月亮的晚上，月华如水，四周都似覆上了一层薄纱，怎能无思？想到的是月宫冷清的嫦娥，是"举杯邀明月"的李白，是"欲乘风归去"的苏轼，还是……

无需知道中年是一部小说，壮年是一篇散文，老年是一套哲学，我想我已明白：成长是一种感觉。

当你走在雨后的小径上，旁边是一面深深庭院的红墙，上面已十分斑驳，生着些青草。你不免猜测，是什么样的人住在院中，是"但目送、芳尘去"的深闺美人；是性情孤傲的名士；还是"采菊东篱下，悠然见南山"的"陶潜"。你向里望去，忽见那玻璃映着明净的蓝天，墙头不知何处来的一只雪白的猫，它"喵"了一声，忽而不见了。你却怔住了，痴痴地掉下了眼泪。也许，这便是成长。

当夕阳西下时，满屋子暗下来，只是窗口边一抹斜阳。你靠在红木椅上，手边放着香茗，香气幽幽的散着，CD放起了《梅花三弄》，你不觉一阵的心悸，似乎一切都浸在了水中，湿湿地流动起来，泪直愣愣的掉。也许，这才是成长。

所以，请不要问我什么是成长。

我说："要体会成长。"

 赏 析

成长是一种感觉。体会成长，就是要认真检点我们走过的每一步。作者于成长的不同阶段着笔，描绘了自己独到的感知和认识，娓娓道来，真有些酸甜苦辣蕴含其中。一堵红墙之内，更勾起了作者丰富的联想。是啊，我们每个人的成长只不过是一个过程，在无情的时间面前，我们成长的态势显得多么迅捷而严峻啊！

开在哪儿都是玫瑰

>> 叶 磊

有时，偶尔有点错位，比起永远循规蹈矩的各就各位来说，能给我们带来更多的欢愉。

我真不该将这些玫瑰种在这里。我不得不承认这一点。你瞧，那些蔓生的玫瑰与菊花挤挤挨挨地共处一片花槽，看上去多么古里古怪。更要命的是，这些恣意滋生的枝条还伸到从我们家房间到庭院的小径上，不时地要钩住我们的腿，抓住我们的衣袖，甚至要划破我们毫无防备的肌肤。毫无疑问，这一丛玫瑰真的是种错了地方。

不过，这也不能全怪我。当时，我种下它的时候，它可不是这么一大丛。那是一个午后，我在花园里修修剪剪忙乎了好一阵，正准备将那些剪下来的冗枝扔进垃圾时，我的一位邻居来了。我的这位酷爱养花种草的园丁邻居，当即就怂恿我从这些差点被丢掉的杂枝中挑出些种起来。

我本无意再要一丛玫瑰，但又不想太扫这位仁兄的兴，就随便从那些参差不齐的残枝中抽了一枝就近插入身边一个齐腰高的砖砌花槽。

我这样做实在是不用费吹灰之力的：一来这个花槽刚刚松过土；二来，它还有其他任何地方都无可比拟的优势：我甚至无须屈身弯腰。

我想，肯定是这个花槽还有其他什么独特的品质正好适合这一剪枝，因为，才几个星期的工夫，它就生芽发枝，并开始向四面八方疯长。每次在给它修枝的时候，我就想：一定要给它搬个地方——只要天气合适、只要有空、只要……

直到一年以后，那个花槽仍旧滋养和包容着它的这丛外来户。春天，我终于戴上园艺手套、拿起铲子，来到花园里准备为这些花丛找个新家。意外地，我发现在这丛绿色中，有生以来第一次萌出了几个稚嫩的花苞。它会开出什么样的花朵来呢？会和它的母枝拥有同样的颜色吗？强烈的好奇心升上来，漫过了我那本来就已迟到的决心。我想，还是等它开过花再移走吧。

结果，从那一年的 3 月起，贯穿整个 4 月份，一直到 5 月，这一丛花让我们饱饱地美享了它桃红色的美丽灿烂。当最后一朵花儿凋谢时，我再次来到花园拿起我的工具，这一次，我可真的要行动了。

可是，我把它们安置在哪儿好呢？我不由自主地想起，当它们花开烂漫，自己从房间的窗户一次又一次地欣赏如画美景的日子来。要不是种在地上，我又怎能有幸看得到如此风光？要不是它们的枝叶延伸到花园小径，我又如何能将这丛纷纷攘攘的花朵全部收入眼底？那些种在"合适"之地的玫瑰，我们每天又能几次走到后院，欣赏它们的芳影？

有时，偶尔有点错位，比起永远循规蹈矩的各就各位来说，能给我们带来更多的欢愉。

我将铲子丢到一边。

我想，只要我们还住在这座房子，我就会让这丛玫瑰呆在那儿了。每个春天，我们都会急不可耐地守望着它的第一枚花苞，然后美美地在它慷慨的开放里沉醉一个春季。

这花种错了地方吗？也许。

可它却找到了最好的地方，真的。

■ 赏 析

有心栽花花不成，无心种柳柳成荫。

生命中有多少我们本身无意去做的事情（包括那些容易疏忽的小事），可一旦我们做了，或许会给我们带来意想不到的愉悦呢！

留意周围，留意我们生活中的每一个脚印，说不定它会给你创造出不少的奇迹来。就像那片玫瑰，让你饱享一顿"桃红色的美丽灿烂"。

快快行动起来吧，在你生命的后花园里，也栽上几株玫瑰，让"纷纷攘攘的花朵"装扮你的一生。

走进这一方风景

>> 华 强

都市的一切实在太纷纷扰扰，我们已经在困惑中迷失了本性，生命中缺少了感悟与平静的情怀。

我喜作浪迹，向往荒野之美。

在匆匆的人生路上，能有暇让心灵与山水对话，那是绝美的事，都市的一切实在太纷纷扰扰，我们已经在困惑中迷失了本性，生命中缺少了感悟与平静的情怀。当天空透出曙色阳光照临大地时，我们又得匆匆忙忙地赶路去。

时间总会带走我们的许多记忆。

我们拥有自然的性灵，便能望见心灵天空的广阔与美丽。抛开世俗的眼光，生命中那些经典、精致的故事，便能长留心底。

大海的涛声不时敲打着我们的梦，所有的梦都会在此时醒来。

因此，我们无法渴望着永恒的灿烂与灿烂的永恒。

无论是自然、人生、艺术，我们感悟到的，都是我们人生旅途中的一道风景。

 赏 析

既然"我们拥有自然的性灵"，为什么我们不尽情地投入自然的怀抱，去接受自然的抚慰呢？

既然有那么多怡人的沁人的风景竖立于我们的人生旅程，我们为什么还要在"纷纷扰扰"的世俗中困惑、"迷失自己"呢？

既然我们"无法渴望着永恒的灿烂与灿烂的永恒"，那么，我们为什么不去挽留生命中最后一道美景呢？

…… ……

■ 微笑人生

>> 朝 勃

人生的美丽时刻，不一定是挥金如土的瞬间，却往往表现于心无挂碍的一丝微笑。

某日，老同学聚会，酒过三巡，大家便海阔天空地神聊起来。

一友遍询同座：人为什么活着？究竟过上一种什么样的生活，你才感到满足呢？

于是，有人说：想读的书买得起，看上的衣服穿得起，口馋了能够拽上红颜知己到酒店里撮一顿儿，足矣。

还有人说：想有一套属于自己的花园别墅，上下班开着私人豪华轿车，春风得意车轮疾，此生就算没有白活。

畅所欲言的游戏轮到我了，口答是：我只想有个好心情，能够时时地面带微笑，便知足了。我为微笑着的人生而活着。

不是吗？人生的美丽时刻，不一定是挥金如土的瞬间，却往往表现于心无挂碍的一丝微笑。

相传，佛祖释尊有一天登上灵鹫山高座，准备讲经。忽然，释尊拿出一朵花，眼观众弟子的反应，众人都不明白佛祖的用意，默默不语，只有摩诃迦叶尊者，破颜微笑。于是，佛祖将禅心传付于他。在深奥的佛理面前，面带微笑的摩诃迦叶尊者的确比眉头紧锁的众僧高出一等，因为他怀有一颗喜悦的心。

孔子的得意门生颜回，身居陋巷，每天只有一箪食，一瓢饮，别人不堪其苦，他却乐在其中，仍能以一种平和的心态枕着自己的胳膊，微笑着送走一个个西下的夕阳。颜回的人生便是微笑着的人生，这是一种至高无上的境界。

微笑着的人，能够坦然地面对纷繁的世事，能够荣辱不惊地正视自己生存时空的尴尬与不幸，他们因心气平和、凡心富有而时时面带微笑。微笑是心灵的盛宴，是生命的乐土。不经意的微笑里，其实饱含着人生的大智大慧，大彻大悟。

能够时时地面含微笑，那该是一种怎样的万金不易的幸福啊！然而，又有多少人晓得这种身边的幸福呢？滚滚红尘之中，多少贪求物欲者为了地位、为了金钱，机关用尽构织着一张张名罗利网。他们以为，有了靓车美女、公司别墅，便有了富足美满的生活，可是，人的欲望什么时候真正满足过、停止过？得陇望蜀，得寸进尺乃是人的天性，当昨日的追求变为今天的拥有时，试问谁能一生一世只陶醉于此而举步不前？况且，数年积下的财富，很可能在一夜之间化为乌有。那时，贪求物欲的心又该如何呢？

汲汲于物欲者，往往迷失了本性，只有那些心气平和，具有生活智慧的人，才能发出内心恬淡的微笑。微笑着的人生，是人活着的至高追求。

用心去微笑吧，芸芸众生里，没有谁会比永远地拥有一颗快乐的心更富有的了。

■ 赏 析

整个世界要是充满微笑该多好！

置身于驳杂的尘埃，你的前后左右都被功名利禄包裹着，在压抑和困顿中喘息，而物欲又不时地侵蚀着你的心灵，如何才能发出"内心恬淡的微笑"？如何才能拥有一颗纯净而快乐的心灵呢？

"微笑是心灵的盛宴，是生命的乐土"，用微笑筑起我们生命的家园，用微笑去绽开千树万树的精神的花朵！

■ 好男儿，一生骑在马上

>> 歌　手

你的对手原本没有你想象的那么强大。充沛的自信心是战胜对手的首要条件。好男儿，应一生都骑在马上，不要轻易服输，更不要轻易下马。

父亲生前经常带我去骑马，在我记忆中父亲骑马的样子是最英武的。

骑在骏马上的父亲，一手扬鞭，一手紧紧握着缰绳，目光炯炯地注视着前方。夕阳下，平日里弯曲的脊背挺得笔直，花白的鬓发也在那一刻有了朝气。

所以，我像许多孩子那样崇拜着父亲，视父亲为英雄。我甚至在很长一段时间里固执地认为，只要父亲骑在马上，他将无人匹敌。

那时候和父亲赛马，我每次都会被父亲落下老远。尽管私下里我时常自己骑马练习，还看了许多马术的书。

因为输得太多，我不止一次对父亲说：看来我这辈子也超不过您了。我不想再和您比赛了。

每次，父亲都抚着我的头笑着说：不要气馁，你还没有找到骑马的窍门，记住，做什么都不可以轻易言败。父亲最后说：其实，你的对手并没有你想象的那样强大……

我坚信父亲说的话是对的，也就没有兑现和父亲撒娇时说过的话——依旧和父亲赛马，依旧一次次败下阵来。因为父亲的鼓励，从那以后，我再没说过气馁的话，只是在闲暇时候更用心地学习马术。

终于有一天，父亲首肯地说：儿子，你已经逐渐找到了骑马的感觉，你和老爸的差距正一天天地缩小。

父亲在患脑溢血的前一年，我们赛过最后一次马。

那一次，在离冲刺线几米远的地方，我使出浑身解数与马儿配合，第一次抢在父亲的马前。

突如其来的惊喜使我兴奋得大喊大叫："我赢了！我赢了！"我调转马头禁不住向父亲炫耀。

"好样的，儿子！"父亲同样兴奋地跳下马跑过来祝贺我，"我说过的，你的对手原本没有你想象的那么强大。充沛的自信心是战胜对手的首要条件……"

父亲垂危时，我守在他的身旁。他留给我最后的话是：去做你要做的事吧！好男儿，应一生都骑在马上，不要轻易服输，更不要轻易下马。

父亲离开后的很长一段时间，我虽然早已从失去他的阴影中走出来，但记忆每每还是情不自禁地把我拉回到和父亲在一起尽情驰骋的时光，我知道，那将是我一生中最值得珍藏的日子。

就在写完这些文字的第二天清晨，妻子说我昨晚睡着的时候流了满脸的泪。她问：是做什么样的梦让你这么伤心呢？我说我根本没有伤心。其实妻子不知道，昨晚我在梦中和父亲一起赛马，骄阳如血的熟悉布景中，我和父亲齐头并肩冲过了闪亮的终点线。

■ 赏 析

敢于扳倒怯懦，扶正自我；敢于正视困难，超越自我。——这就是"好男儿"的本色。

志当存高远，男儿当自强。让生命的烈焰在马背上燃烧，让青春的激情于疾风骤雨中滚动，瞄准那个"闪亮的终点线"，策马狂奔，播洒一路风光。

用"自信"充实力量，用毅力铸就辉煌。

"好男儿，一生骑在马上"，你将"无人匹敌"！

■ 新人类宣言

>> 卢 苇

　　既然一切靠自己，我们就必然张扬个性，宣泄自我，追求自身的价值，活出人生的精彩。

　　我们来了，在这个充满竞争的年代，脚步匆匆，登上了人生的舞台。

　　我们是一个新族群，却没有统一的豪言壮语，更没有标语口号，只有各自喜好的发型，五花八门的服饰，和不加掩饰的神态。

　　长辈们疑惑地问：你们像谁，算第几代？

　　我们回答：我们只像自己，叫"新人类"！

　　我们在改革开放中学步，在商品社会的浪潮中长大，没有太多的传统文化的记忆，没有刻骨铭心的政治、历史的负累，我们在转型期中造型，"计划经济"不对我们作出周密的安排，我们是自费上学，自主择业，自我设计，自我调整，自由发挥。

　　既然一切靠自己，我们就必然张扬个性，宣泄自我，追求自身的价值，活出人生的精彩。

　　与前辈相比，我们摆脱了旧体制的束缚，却失去了铁饭碗的保障、福利房的安乐。我们获得了更大的自由发展的空间，却要承担谋生就业的更大的风险与压力。再没有依靠，再无须等待，于是我们敢于舍弃稳定，选择漂泊，从内陆到沿海，从国内到国外，于是我们视野更广阔，思维更活跃，信息更丰富，生活更多彩。我们更能接纳世界的信息浪潮和经济浪潮，更能适应知识经济的年代。

　　我们不再追求螺丝钉的价值，却要追求智能机械人般的专业技能和变形金刚的应变能力。我们要把大脑变成电脑，将新知识不断"录入"。我们又要用大脑操纵电脑，在信息高速公路上捕捉信息。正因为我们全方位地忙，忙得时空颠倒，所以我们要活得更独立，玩得更开心、更刺激。

　　不必用旧尺度来量度我们的行为规矩，不必用旧眼光来看待我们的生活方式，历史只要求每一代人对自己的行为负责。我们既接受了时代物质、精神的褒奖，便决不逃避历史可能给予的处罚。

我们坚信：新世纪呼唤新人类，新人类培养了新素质，新素质产生新活力。

我们郑重宣告：不要把我们叫作什么什么的一代，我们就叫"新人类"，21世纪的重要角色！

■ 赏 析

这是"新人类"的宣言，他们"玩中有志"，不循规蹈矩，他们常常跑在时代的前面，以崭新的思想迎接生命的挑战，他们认为没有人走过的路是最好的路，他们跌倒之后，根本不知道疼痛……

那些指着"新人类"的脊梁骨儿说三道四者，那些骂骂咧咧怨天尤地者，该不该汗颜呢？

玄妙的时刻

>> 班 马

像焰火那样的放射，
像花瓣那样的怒放。
玄妙的时刻，是眼睛迷蒙的时刻。
迷蒙的时刻，是心灵朦胧、闪烁和晃动的时刻。

有时候，我不是一个现实主义者。有时候，我愿意被迷幻控制。有时候，我望着对面红屋顶上的一朵白云发呆。有时候，我以一种做梦的状态凝望着中午太阳光之中一只悬浮飞动的黄蜂。有时候，我在下雨的窗玻璃跟前消失于这个房间和这颗地球……

就在某些片刻，我愿意被迷幻控制。

因为我感受到了——这些玄妙的时刻。

你有吗？

让它在你心头。不要告诉我。

而我是知道在我的迷幻一刻，那时发生了什么？这种玄妙的时刻突然就来到——我正在奔跑，奔跑，太阳在跳跃，蓝天里有一块毫无杂质的干净玻璃罩着无边未来的蓝色；砂粒在我的脚下响着，嚓嚓嚓的声音。刹那间我觉得身体里有一种感觉，是什么东西想飞出来升上蓝空，脚底想弹跳，手臂想飞翔，那一股想发射的感觉，它大概应该是一声怪异呼啸，或者应该是一个翻滚腾跃，反正这是一种想在蓝天下制造爆炸的感觉。像焰火那样的放射，像花瓣那样的怒放。就在这蓝天下的奔跑中，我的心头一阵迷幻，在极度的欢乐中奇怪着"我"怎么会出现在这里？以及，这个健康的身体就是"我"吗？

这些玄妙的时刻让我发呆。

在这个时刻，好像一切都没有了声音……

它们无数次地发生，默默的，与我达成少年时代隐秘的协议。这种玄妙的时刻悄悄就会来到——我正在桥上望着流水，还有那种长长的拖轮船队，瞬间在我的眼睛里整个景象被倒置，不再是船和流水的迅速掠过，而是我在俯瞰着前行，不断地飞越它们。为了延长这种迷幻，为了不回到现实，我伏在桥沿整整一个下午，直到暮色降临，我沉浸在玄妙的飞越之中。我在飞越，飞过别人，掠过一连串经年的伤心故事，超过我那张平淡无奇的课桌。我俯瞰着，穿越了多少历史王朝的时间。

就在某些时刻，我愿意被迷幻控制。

在突然的宁静中让一丝忧郁飘荡。

它们好似确曾与我有约定，在我一天的大喊大叫和兴奋莫名的状态中潜伏着，并没有真的消失，然后会在刹那间令我发呆，丽我也像知道一样，知道这种玄妙的时刻，知道世界上的谜，前来让我安静——我正在喧闹的夜晚街头，同伙伴们像一排鸟一样地坐在栏杆上，望着这座城市的万家灯火，突然我就不再有声音，某一个窗口让我发呆，这一个也亮着灯光的窗口在万家灯火之中，那是我的家，我家窗口的灯光，同密集而点点的灯火一个模样，令我无限迷幻，迷幻它在万家灯火之中，也迷幻万家灯火之中有着它的存在。它变得忽而陌生，忽而熟悉，我就是在那一个窗口里面的吗？在这灯光的星星点点之中我就是要归入那一点的吗？那一点灯光与我的联系，像有一根热的线接通了我使我也发亮，如在那个房间的灯下，而又迷幻我怎么会像野鸟一样蹲在这里的栏杆上……

玄妙的时刻，是眼睛迷蒙的时刻。

迷蒙的时刻，是心灵朦胧、闪烁和晃动的时刻。

我有。你也有吗？

这种少年的迷思。

■ 赏 析

"我"看见自己"像野鸟一样蹲在这里的栏杆上"，看见"我"梦想的圣殿悬浮于"我"的上方，无数的玄妙的思想控制着"我"的感觉，"我"在飞翔，"太阳在跳跃"，所有的生命都异常美丽，像昨夜飘飘扬扬落下来的那一朵一朵的雪花，"我"睁大眼睛，努力地控制着自己激动的泪水，靠近玫瑰的花瓣，轻轻吮吸来自她的芳香……

"玄妙的时候"，那个睁大好奇的、迷蒙的眼睛的人——就是"我"！

而"我"又是谁呢？

■ 窗外的青春

>> 林　晶

　　岁月流逝，我终于知道，那些望着窗外的瞬间，我满怀梦想，在我躁动不安和轻轻的惆怅里，是我青春时代人生最宝贵的涌动的激情，是我生命充满信心和憧憬的阳光灿烂的日子。

　　天总是很蓝。阳光总是很好。

　　伸到四楼教室窗前的几片树叶儿在微风中摇动，在太阳光里闪亮闪亮的。高高的，是天，一片清澄澄的蓝。阳光无限，明丽地充满着每一寸空间。

　　最初是无意的，一抬头望见窗外，心一下子震惊，心底里惊叹着多么蓝的天呵，多么灿烂的阳光。有什么在体内直想飞逸出来。

　　高中时代，每一个阳光明媚的日子，望见那片艳阳高空，我就按捺不下，忍不住向往飞越过窗口，走在窗外阳光灿烂的蓝天下，自由，快乐而美丽。

　　窗外的世界，灿烂，光明，美好。

　　年少的我并不知道，那窗外的世界示意了年轻的我对于生活无限的向往和许许多多关于未来的美丽的梦想，而那躁动不安着的，正是我涌动如潮的——青春。

　　青春岁月，就这样悄然而不可阻挡地来了。

　　青春来临的时候，十六岁的我们，正一排排坐在教室里努力读书。读书的日子简单、平凡。窗外的世界与我们隔着一堵墙，很近，也很远。

　　五彩的生活和辽阔的世界还无可触摸。

　　于是每一次出神地望着窗外的天空又悄悄落下眼光，心里总带着些淡淡的忧伤。

　　日子仿佛总是过得很慢，我那颗充满渴望的心躁动不安而又无可奈何。

　　一遍又一遍，那乐声在我的心中流淌过。

乐曲的名字是《人生的梦》。第一次听见它的时候，这四个字一下子击中了我——我有多少梦想生活的渴望——乐声如水地传来。是吉他，铮铮琮琮，音乐的美丽和忧伤让我无法忘怀。

带着我年轻的梦和我年轻的忧伤，整整三年，这乐声在我的心中回响，轻轻地，却极其真实，我仿佛捉得到它的声音。

是吉他，铮铮琮琮，悠柔如梦，有些感伤。

我的目光一次次投向远方。

远方是不可知的未来，远方是此刻还不能抵达的激越不凡的生活，远方是有迷人鬼魅的字眼。

想象自己挎一只大大的旅行包，肩负一路风尘，一个人走在地平线上，日升日落，独自天涯，流浪远方。

我着魔似的迷恋上流浪的感觉。我强烈地想要一袭仔衣。

仔衣是流浪和远方的象征。在那件厚厚的石磨蓝牛仔衣披上身的一瞬，它重重地压在了我的肩头。我想就是它了，肩负风尘、独自天涯的感觉就是这样的。

于是我身穿一袭仔衣，伫立在风中，对流浪充满感动，想起远方，无限渴望。

一身仔衣，我穿了整整三年。背一个牛仔书包，一束高高的马尾巴，在脑后摇来晃去，摇来晃去……

青春最初的日子，重重的梦想，淡淡的忧伤，悄悄地过去。

接到大学通知书后我做的第一件事，是把那件洗得发白的仔衣叠起来包藏好。我仿佛完成一项仪式似的向仔衣告别，向我的年少青春告别。

在那座花园般美丽的大学校园里，我站在微风吹送绿草青青的湖畔，露出了笑容。

我终于长大了，我终于开始拥有我自己的生活，我的梦想和渴望就要实现。

当时，人们传唱着一首歌曲，歌词里有一句话："那时候天总是很蓝，日子总过得太慢。"我听到它的时候，突然泪水慢慢地溢出了眼睛。

窗外的蓝天，流浪的远方，和《人们的梦》的乐声一一地回来……

岁月流逝，我终于知道，那些望着窗外的瞬间，我满怀梦想，在我躁动不安和轻轻的惆怅里，是我青春年代人生最宝贵的涌动的激情，是我生命充满信心和憧憬的阳光灿烂的日子。

■ 赏 析

"天总是很蓝",每一个日子总是充满梦幻。"阳光无限地,明丽地充满着每一寸空间"。每一首轻轻流淌的歌声,都沾满"我"幸福的呢喃。

"窗外的世界",一如"我"隽永、优美的诗篇,一如我"涌动如潮"的心田。

但窗内的世界,却多多少少带点儿无奈,带点儿轻轻的惆怅。在青春的岁月里,"我"多么想放飞"我"的歌声,我的激情,连同我澎湃激昂的思想……

■ 希 望

>> 君 杨

希望是人发自心底的情愫，从昨天到今天，又从今天开始，冥冥中轮回，每天、每时、每刻，我们从不停止希望。我们从希望中获取了无穷的快乐与力量，生命不息，希望就永不泯灭。

希望是一种寄托。

并非总会天遂人愿，因而我们在静静地祈祷，默念着心中最美的意念，给眼前的枯燥和失意一点润饰，一点生气。

希望在于将来。发自平凡而善良的人们心中的希望总是美的：一次远足，一个聚会，一次刻骨铭心的初恋，一场精彩纷呈的球赛，或者是读一本好书，听到一个问候的电话，甚至只是等待一个会心的微笑。

不要让自己成为一个静止不动的平面。或许你真有挥却不了的伤痛，令你望而却步，甚至会向隅而泣。在这段困厄中要给自己一些希望，把美丽寄托给明天。罗兰说："人生应有两盏灯，一盏是勇气的灯，另一盏是希望的灯。"年轻的朋友，不要压抑了自己的热忱，给自己一点希望之光，在昨天的废墟上重塑一个不屈的形象。我们应该使自己成为一个向前滚动着奔赴目标的圆轮，擎着希望，我们才可以不怠于前行。

希望着的人们有时会现实相反：一方晴空下的人有的会希望淫雨霏霏，淋湿焦渴的心绪，去体味"山色空蒙雨亦奇"的清新；雨中撑伞的人却会希望雨霁天晴，感受"好是风和日丽，输与莺莺燕燕"的动人。

希望是储蓄一份欣赏之情。因为希望并非都如愿以偿，希望同样会有失望，但希望绝不是肥皂泡的游戏，它需要我们沉着，有自信，不停滞，永远进取。我们怀着希望，便是懂得用欣赏之情去看这个世界，渴望自己能拥有一份绮丽或恬淡的心境，更会希望所有善良的人们好人一生平安。若人同此心，这将是人世间最大的幸事啊！

不要夸大了自己的悲哀，又何必低估自己的实力呢？一个人，如果失去了对世界的热情，就永远不会快乐，惟有在生命中注入希望，才会有勇气负起责任去生活，把一生化为"几生"。

希望是人发自心底的情愫，从昨天到今天，又从今天开始，冥冥中轮回，每天、每时、每刻，我们从不停止希望。我们从希望中获取了无穷的快乐与力量，生命不息，希望就永不泯灭。

点燃希望，照亮你的一生！

 赏 析

作者用简洁而又极富韵味的文字，将"希望"清晰地呈现在读者眼前，字里行间蕴含着深沉而隽永的理趣。

别具特色的是作者没有像许多人那样将希望或写得宏大空泛，或写得如海市蜃楼一般虚无缥缈，让人可望而不可即；而是用极其细腻的笔法，将诸如"一次远足"、"一个聚会"、"一个会心的微笑"等平平凡凡的小的希望珠子，汇集成一个实实在在的希望光环，让我们切实地感觉到希望无处不有，感觉到美好的希望就在我们的日常生活中。

■ 美丽人生

>> 张　琳

死就是再也不回来，就是使过去的甜蜜变成甜蜜的回忆。于是，我们开始把握生、接受死、欣赏美！

林润翰曾经在一个开满鲜花的公园里散步，当他走近一座花坛时，一个鲜花一样美丽的小女孩拦住了他，轻轻地说："叔叔，请你不要走过去，那边有只漂亮的蝴蝶，请你不要惊吓了它。"在他看来，小女孩呵护的不仅仅是一个美丽的小生灵，她关爱的是自己面对着的美好的世界。

静静地坐着，柔和的灯光洒下一片温暖，伴着录音机里传出的动人心弦的歌声。微眸双眼，品味着人生小品，轻风过处，带来阵阵夏雨洗刷过的泥土的甘甜。没有人打扰，就这样静静地、轻轻地。

——时空，真美！

躺在那幢曾经装满孩子们欢乐的房子的平台上，身旁是最知心的朋友。痴痴地望着夜幕中的繁星，还有挂在星星旁边的月亮。月儿月儿，载我去你和星星们的家，好吗？夜空中一颗流星划过，茫茫之中，飘来一阵绵绵的歌声。

——夜色，真美！

骄阳似火的球场上，篮球架冷冷地立在那里。一群汗流浃背的少年，一只不停弹飞的篮球，勾画出一幅动感精彩的画面。一次次扣篮，一次次得分，汗水悄悄融入脚下的大地。

——活力，真美！

傍晚，夕阳悄悄隐入被彩霞染红的天际。幽静的小路上，一对老夫妇彼此搀扶着，满足而安详。一群顽皮的孩子蹦着跳着，手拉着手一起做游戏。老人怜爱地注视着孩子们，脸上绽开老菊般的笑容。

——生活，真美！

……

死就是再也不回来，就是使过去的甜蜜变成甜蜜的回忆。

于是，我们开始把握生、接受死、欣赏美！

 赏 析

人生是"时空"、"活力"、"生活"等交融渗透的一个优美的境地。置身于此，连死亡都会显得如此美丽！

让爱层层包裹我们的躯体，让鲜亮的心事挂满温馨，在世界的窗口之下，我们只有微笑，只有幸福的眼泪！

品味人生。品味美丽。品味甜蜜。

让"我们开始把握生，接受死，欣赏美！"

今晚，月亮最明亮

>> 乔 霜

我又一次懂得了，光明的来临是苦苦期待的美丽，是母腹阵阵剧痛后的欢欣。

夏天的风雨最是猛烈。本来高远的天空和辽阔的大地在这些阴翳的日子里被风雨和乌云挤扁，像铅块一样压在人们的心头。

于是，人们便盼望太阳，盼望太阳用温暖的光芒和明亮的色彩抚平心头那久久被阴霾压抑过的创伤。

于是，人们盼望月亮用安谧的思绪和纯朴的情愫来梳理脑海中那被涩涩的雨点打湿了的思想……

就像在风雪飘飘的严冬盼望着风和日丽的春天；就像在狂涛巨浪的大海上盼望鸟语花香的彼岸——人们期盼的目光总是那样漫长。

生命离不开光明。

有了光明，生命之树，才绽放绚艳的花朵。

人们都在盼望火红的太阳明净的月亮，在那些风雨大作的日子里，人们都苦苦等待。有时人们会咒骂风咒骂雨咒骂生活中那么多的磨难，于是便会让那么多绿色的日子默默地捱进了单调的冬季……

虽然我们也时常这样想，风雨总是有一天会过去，太阳和月亮总有一天会露出胜利的笑脸。太久的等待使思念之河快要干涸……

乃至这个晚间——风雨成为历史的晚间，我真的又一次看到了温柔纯静如初恋时的笑脸一样甜蜜的月光了，我久久等待的心也如冰消雪融后绽放在春之枝头的艳艳的花了——这个令我们久久等待的时刻啊！

我又一次懂得了，光明的来临是苦苦期待的美丽。是母腹阵阵剧痛后的欢欣。

哦，今晚的月亮最明亮。

春天的月辉洒在静静的桃园，有时我会在阵阵花香中枕着落红溪水睡去，竟忘了，月儿西斜；秋天和冬天的银盘挂在消疲的白杨上，有时我会关上门窗，任那外面世界上叶儿随风凛落河水，随雪声远行，屋里只有春的温馨，夏的诱惑……

啊！今晚的月亮最明亮。

我们每个人都在用心吟读着那和在柔光中的温柔和静谧，共享着这属于自己和别人的每一刻宁静和超脱。

哦！原来只要心中始终有那么一点笃守的期盼，月亮就会把它温柔如恋人纤手的光送进你躁动的心田，慰藉你苦恋时这一刻心际。不是吗？月亮还在头顶。

让我们珍藏起这明亮的月之体吧，用心之怀。只要我们不忘为着光明而久久等待过的每一个白昼和黑夜的自信和真诚，明早的太阳将会更加灿烂和辉煌！

■ 赏析

生活中的琐事像"挤扁的铅块一样"压在你那稚嫩的心头，用那冰冷的双手限制你那纯情的心跳，在那么多绿色的日子里却默默地框进了单调的冬季，在你那干涸的心田里需要希望去点缀；需要真诚去浇灌；需要等待去看护——你做到了吗？

然而成功之前是什么呢？是梦想的寄托？是真诚的奉献？是等待的苦闷；还是黎明前的"黑暗"？在这一团"残黑"之中，有你付出的"自信"与"真诚"。那黑色的幕帘遮不住金色的光辉。看呵，在等待中悄然留走的"白昼"和"黑夜"不是奏出了"明早太阳更灿烂和辉煌的乐章了吗？

生命的艺术

>> 郭瑞昕

信任别人是人生的哲学；相信自己，学会弯曲是人生的艺术。只有既懂哲学，又懂艺术的人，才是一个完善的人。

我们每个人，都应关注自己的生命，热爱自己的生命，因为我们的身边是一个富有哲韵的理性世界。

请记住：

我们不比别人强，因为我们都是平常人；

我们不和别人比，因为我们在这个世界上独一无二；

我们要信任别人，因为信任别人是一种有生命的感觉；

我们要成就事业，还要学会弯曲。

起床穿衣

如果我们用一天代表生命，那么第一个学问就是起床穿衣。我们并不比别人强到哪里，起床面对的虽不是烦恼、尴尬和棘手的事，但起床后的 ABCD、函数、牛顿、摩尔、之乎者也……也够无聊、枯燥的了。我们不肯起床因为我们已经看厌了这些东西。赵鑫珊先生在《三重的爱》中提出：起床穿衣的力气并不是纯物理学或生物学上的力，而是精神的力、心理学的力、人生哲学的力。的确，若今天要游玩，那谁都会起早。因此只要我们思想改变，起床穿衣应是我们最想做的事。

相信自己

世人最起码要相信自己，不要总把自己与别人比较，这样会越来越看轻自己。其实世界上的每个人都是独一无二的。

对于自己来说，昨天属于先辈，明天属于子孙，惟有今天是你的。不要匆忙度过自己的一个又一个今天，人生不是短跑，生命不以数量而是以质量来计算，所以我们在英语中称今天为"present"，这是你的人生礼物，应该相信自己能收到最满意的礼物。只要自己说服自己，就是一种理智的胜利；自己感动自己，就是一种心灵的升华；自己征服自己，就是一种成熟。

信任别人

"信任别人是一种有生命的感觉。"这是美国作家维·威斯格物的观点。信任也是一种理智与情感，更是人与人之间最美好的关系纽带。信任是一门艺术、一门学问。谁可信任？怎样信任？这样信任可以吗？三个问题包括了信任的所有学问，看似简单，答好了也不容易。

学会弯曲

对于压力与困难，尽可能承受，在承受不了时，学会弯曲一下，退一步，海阔天空。这个道理祖先已用文字告诉了我们：当困难是"凸"时，不妨忍耐一下，避避它的"凸"锋，或许成功率会更高些，那么"凹"也就诞生了。"凹"是我们处理"凸"问题的好方法。

因此，不能弯的树不是好树，不会曲的人终难成就大事业。弯曲不是倒下和害怕，而是人生的一门艺术。

起床穿衣、信任别人是人生的哲学；相信自己、学会弯曲是人生的艺术。只有既懂哲学、又懂艺术的人，才是一个完善的人。

■ 赏 析

如果让我写，我不会写"生命"这个话题，因为这实在太大、太沉重。生命中有太多太多的种种，都是我们没有经历过的，所以我很佩服作者，他巧妙地选择了生活中的几个剖面，以小窥大，既避免了泛泛空谈，又让读者感觉到亲切。

关注生命，热爱生命，你的身边是一个富有哲韵的理性世界，这便是生命的艺术。

严冬开放的五朵小花

>> 张江华

> 有空间，便要发芽，能发芽，便要生长，毫不理会寒冷的季节，只是默默地生长，开花结果。

有空间，便要发芽，能发芽，便要生长，毫不理会寒冷的季节，只是默默地生长，开花结果。

已是深秋初冬的季节了。我走在田野里的小径上，抬头看一看灰蒙蒙阴沉沉呆滞的天空，望一望无边的深翻过裸露在阴风中已变灰的土地，心中也变得晦暗起来。

我本是打算出来散散步，欣赏与倾听大自然的美丽的。田野里春天嫩绿的草芽，夏天绿油油的初禾，秋天无垠的金黄，都能让我的心情开阔明朗，人也仿佛明静纯洁起来。但在这严冬近乎到来的日子，我也受到了田野的感染，都是无边的灰色与晦暗，给人的心情也是阴沉沉的。

望着一片灰色，迎面吹着令皮肤燥烈的冷风，我已没了出来时的那股激情。回去吧！屋内正暖，亲人们正闲聊，而自然给我的感受却并不舒适安逸。

我欲转身，眼光却无意触及到一株——什么？花？竟有一朵小黄花！旁边还有它的伙伴———一朵，两朵，三朵，四朵，连它，一共五朵！它们在风中瑟瑟发抖，瘦弱的身躯仿佛已经支持不住。

我惊喜的心情不禁冷落下来。仔细看看，想想，原来它们是在夏日收割菜籽时被不慎遗留在田间里的，后来又在雨后萌发的。它不甘寂寞，它以为它有活的权利，便拼命耐着冷落长大，在无人管问之下，竟被农民怜悯而没有当作杂草拔掉，便长到今日这个样子。这颗种子，在荒芜的本不属于它的季节里做了母亲，有了它娇嫩的孩子——小花。

一颗被遗留的种子，一位耐冷的母亲，五个娇嫩的孩子。五朵小花！这不是属于你们的季节啊！这个季节寂寞、冷清、无比严寒，你们如何成长！我不由嗟叹起来。冬天，这个季节，有的只是颓废和埋没，即使这些新生命长出来了，即使有五朵小花，又能如何？它们能改变冬天吗？

我再次为小花感叹。我想摘下一朵挂到我的卧室里，那样它能给我以片刻赏心悦目，但我忍住了，因为那样它会枯萎，消失得更快。

回家了。我走出几步，不禁又回头去看那五朵小花。它们仍在随风摇摆，细小的茎杆也仍在支持，灰色的土地上，苍茫的原野中，它娇嫩的黄色竟是那么醒目。我心中一震，忽然领悟出它生存的价值：有空间，便要发芽，能发芽，便要生长，毫不理会寒冷的季节，只是默默地生长，开花结果。

我忽然高兴起来。小花的价值竟有如此之高！我心想，为小花所想：你们莫说我开错了季节，既然我已到了冬季，那么我也一样要生长！严冬开放的小花，不一样能生长，不一样能给人以赏心悦目的感觉吗？而在一片苍茫中，这五朵小花不是显得更出色更悦目吗？

五朵小花，也能战胜严冬，我想。祝它们能冲破冬天，回到春天去吧！

■ 赏 析

五朵耐寒的小花，直挺起坚实的脊梁，向生命呐喊，向生存挑战！"有空间，便要发芽，能发芽，便要生长"，不择季节，不隐匿自我，大胆地吐露生机，哪怕终将枯萎，衰竭，也总算辉煌一次，不白活一次！

于逆境中挺立，于死亡的边缘微笑，顽强地抗争，寻找生命之中那最后一点儿希望……多么坦然，多么自信的"五朵小花"啊！

而我们呢？

有缘相伴

>> 赵彦峰

殷切的目光在渴望中，拥有你，一生便不寂寞。

有缘伴你，幸福一生。

窗外，西风袅袅，有疏月，半挂枝头。一盏柔柔的灯，点缀这深秋的夜。轻睨一下案前的你，顿然有一种湿热的温馨。

有你相伴，这夜便不再孤独。

轻抚着你，心中便无了尘间俗情，与你柔目相对，那真是妙不可言的事情。

与你相识，我尚在总角之年。应该说，咱们是总角之交。我记得，那时我还是个刚进学堂的稚子，偶然间，在村间乡兽医站一位医生处见你，我的目中便露出一道贼绿的光，恨不得一下子把你据为己有。于是软磨硬泡，我用一缸水的代价，换得了与你结识共谈的一夕。

那是个隆冬之夜，傍晚之时，我小狗叼着食般用嫩手半桶半桶地帮人家将水提满，又呵着气暖暖手将你带回到我那贫守之巢。

归家后方才暗暗叫苦，那时候的农家，很少有电灯照明，贫寒之家更与光明无缘。

好在当时灵机一动，猛然想起离家有一里之遥的车站，站台上灯火是通宵不熄。于是轻抱着你，只身来到冬夜中寒寂的站台。

这个景象，也许是我一生唯一的风景。我至今清晰记得，半截砖头，一根电杆，小背一依，佝偻着贪婪阅你，便忘了寒冷冬季。一宿与你长谈，知道了世间的游戏，虽是囫囵吞枣，但至今使我记忆犹新。

我记得，你第一个名字叫《说唐》。

从此，我便觉得，今生与你有缘了。

再后来便上了初中，记得有一次进城看望姐姐，回去时，姐姐送给10元钱。出了她的单位，扭头见一家书店，便一头扎了进去，又睹你的芳容。这一次是我第一次怜香惜玉恐怕也是最狼狈的时候，归家时，袋中空空，便只好步行，行在漫长的公路上，轻携着你有一种说不出的欢欣，我一脚血泡换来一个属于我的你。

这一次，你的名字叫《沉重的翅膀》。

以后的日子便好了，随着我参加工作，便没了往日尴尬，也多了男子豪气。

于是我案头的你便多了，满室清贫，惟你存在，一屋生辉。

殷切的目光在渴望中，拥有你，一生便不寂寞。

有缘伴你，幸福一生。

■ 赏 析

"与你相识"，"心中便无了尘间俗情"，你博大的胸襟容纳了"我"的无知，你是那么明丽，以至在你面前，"我"晦色的生活倏然跳动成一种风景，一片生机。

"与你相识"，"我"饥渴的眸子"恨不得一下子把你据为己有"，尽管贫寒压迫着我的生活，但你却给了"我"一笔财富，升华了"我"的灵魂……

今生今世，"与你相识"，生命便不"寂寞"，幸福便常相随。

飞　翔

>> 李济南

人类的飞翔是对自身的挑战，是对自然的探索，是对历史的超越，是对未来的追求，是智慧的升华，是创造与才干的结晶。

在我的眼中，飞翔是个亮丽又神秘的字眼，是个令人羡慕而且神往的世界，因为它是力与美的象征。

苍鹰在群山中翱翔，体现一种雄浑、一种力量；信鸽在天空中飞翔，传递一条信息、一片希望；百灵在树林间穿梭，留下一串歌声、一丝回忆；丑小鸭变成了白天鹅，盘旋在碧水之上，展示一种美好、一种向往。那么人类呢？人类的飞翔是对自身的挑战，是对自然的探索，是对历史的超越，是对未来的追求，是智慧的升华，是创造与才干的结晶。由此看来，这种飞翔就更显弥足珍贵。

最初，鸟是怎样想到飞翔的呢？中生代出现的始祖鸟，由爬行动物的一支演化而来。它们面对着生存，勇敢地"走"向蓝天。我想，为了这个目标，它们挣扎、奋斗，经历了无数的失败、流血乃至牺牲。这个过程是艰苦的甚至可以说是残酷的，但它的终点是美好的——飞翔终于变为了现实。当然，那些鸟儿从来未曾想到过自己的所作所为有什么意义，那只不过是它们毫无退路的生存选择——尽管如此，它的飞翔仍是伟大的，这种伟大完全可以与原始生命活动的出现相媲美。

同样，人类是如何想到飞翔的呢？中国古代史书《汉书·王莽传》记载着有关"羽人"飞行的尝试情况。书中说，有一人用大鸟的翅膀来作为自己飞行的两翼，并且头和身体都披着羽毛，全部连环扣结，但是只"飞"了几百步就落地了。这是史册记载的最早的飞行史，距今1900多年。可那是人类历史上又一个耀眼的"第一次"，尽管"插翅难飞"，可人们的探索就再也没有停息过。直到1903年，莱特兄弟制成第一架有动力、能留空、可载人、能稳定自由飞行的飞机。仅仅59秒短暂的飞行，仅仅260米远的距离，却凝聚了一代又一代人毕生的心血和年华。从1900多年到190多年前，这又是人类历史上一个伟大的奋斗过程。同始祖鸟试图征服蓝天一样，它的伟大同样无与伦比。

此时，我发现飞翔确实神秘而亮丽，但绝不仅仅因为它是力与美的完美结合，更因为飞翔本身是一个过程，一个奋斗的过程。一些最终未能上天的鸟可能沦为了禽，但它们努力过，它们也就伟大过；在莱特兄弟之前那些历尽艰辛却最终失败的人，他们尝试过，他们也就——不，他们永远伟大。因为无论结果如何，过程都是最美的。这恐怕使飞翔显得更神秘亮丽，更令人神往。

 赏　析

"飞翔"这个题目很大也很小。说它大是因为要写的东西可以很多，说它小是因为它一下子让人想起鸟类的本能。其实"飞翔"是挺复杂的，绝不像在刚看到题目时理所当然的单纯。本文的成功之处就在于作者选择了一个较好的角度来展开：那就是飞翔的历史，从鸟到人，并且无一例外地把这种"飞翔"引领到"伟大"的高度。在思考飞翔的历史时，作者也同时想到了它的连带意义，开阔的视野、纵横古今的脉络、绵延无边的思绪都在说明作者思考的深度。

失去的克里特岛

>> 王　默

　　早晨那么短暂，短到刚才的甜还原在舌间，而糖已不在了。短到无论我怎样的努力与乞求，它依旧要翻过，要流走。短到还来不及感谢。

　　喜欢在某一个无事的清晨醒来，对着太阳大笑。多么好的心情，让人都想唱起歌来。可我不会唱，我想穿着旷旷荡荡的睡袍抱着白色的枕头支起耳朵来听，希望马上可以听到两只叽叽喳喳的小鸟在门外乱叫，一只男娃娃鸟，一只女娃娃鸟——我的娃娃鸟。然后便是轻轻地嗔责"妈妈还在睡觉"。再来就是精巧的茶碗被握在一只小小的，紧张的，生怕造成一点点多余的声音的小手中。慢慢贴近嘴巴，和牙齿丁丁当当的碰撞声；还有轻轻的吸吮声。夫轻轻唤：要不要糖？多么叫人听起来就觉得开心的叮咛声。接着就是弟弟咯咯的笑声和姐姐用她那胖得像粉肠一样的小手指贴在嘴唇上发出的嘘嘘声。多么安静、亲切的一个早晨，我真的想跳到窗外的那棵老树上和那几只多情的山雀一齐歌唱，可我不离开这张床，我想就这样怀抱着白色的美丽的心情，再多享受一下丈夫与孩子带给我的那一点点的呵护。我真的是一个多么多么自私的人，自私到给自己的懒惰与失职找了一个多么好的借口。

　　如果就这么让我听下去，我也甘心，然而早晨那么短暂，短到刚才的甜还原在舌间，而糖已不在了。短到无论我怎样的努力与乞求，它依旧要翻过，要流走。短到还来不及感谢。怎样的一个早晨，怎样的一个如歌般美丽，逝去不会再来的早晨。

赏析

　　多么短暂的宁静和美丽。永远地享受这样一个早晨，该多好！永远地，把心中的梦幻寄托给"那几只多情的山雀"，然后，把懒散的身体摊开，接受那来自清晨的宁静的安抚，接受"那一点点的呵护。"

美丽总是这么容易丢失，这么短，短到我还没有来得及看到美丽的容颜，短到"刚才的甜还原在舌间，而糖已不在了。"

"我"怎么才能留得住这宁静而安谧的美呢？

艳艳的火花

>> 阎 金

历史只赋予我们诞生一次，而每次于秋季落红翻飞，人们总会越来越深地陷入自己的背影。

"……此火高高举起。

此火为大开花落英于神圣的祖国
和所有以梦为马的诗人一样
我藉此火得度一生的茫茫黑夜"
——海子《祖国》

我第一次参加路南县彝族人过"火把节"，亦是第一次看到满街的灯火如海洋。小时候期许满空流萤照亮我的眼睛，登楼俯瞰，声势浩大的火把星星点点，真如少时梦中如愿，不能释然。

每年农历六月二十四日，是彝族人的"春节"（即"火把节"）。渐临暮晚，彝族民歌便欢快响彻每条街巷，人们身着彩服，人群攒动。锣鼓龙狮一应俱全，围着篝火，人们翩翩起舞，欢庆节日。

最为有趣的莫过于满城的火把。彝族人出售自种的"火把木"，一米来长，尖端劈裂几棱，遇火星便劈劈啪啪燃起来。熊熊火焰欢快跳跃，高的，低的，旋转飞舞的，火把在各人手里变幻不同的姿态，沁人的烟雾飘浮在异乡的城市，湿粘的空气里夹杂灼热的气息，弥散开来。

在美丽的阿诗玛大街，人们如在火中行走，多少火，在同一时辰怒放，如万朵玫瑰。我想起海子的《祖国》：……此火高高举起/此火为大，开花落英于神圣的祖国/和所有以梦为马的诗人一样/我藉此火得度一生的茫茫黑夜。我不敢在如此城市的火中睡去，我看见时间和世纪的年轮；他们热情好客，拉住我们双手，尽情歌唱、舞蹈，忘情一世纪的忧伤。

我在速写本上激动地画着。我画他们的舞蹈、他们的神韵、他们的质朴、他们的投入和生命的真实！那一刻，我惊叹他们给予我真正的艺术生命！

今晚的夜色如此疯狂绚丽，今夜的气息美丽而芬芳，它们飘浮，它们擦亮并进入我的肌肤，一种芬芳的歌唱。即使疾流的雨，亦不能

——那是火。火便是所有的生命。

还有沉默的石头。

闻名遐尔的石林，历史和神话漫山遍野，每一具石均压着等待书写的神秘和沧桑，如诘屈聱牙的经卷，人们一读再读，一遍又一遍。

所有的声韵均被风吹落，塔阁的目光业已停止，风拂遍满林石海，如拂过沧桑的面容，又似一遍遍翻阅历史，无限嗟叹，萦绕、回荡。

我想望过山去。历史只赋予我们诞生一次，而每次于秋季落红翻飞，人们总会越来越深地陷入自己的背影。

疾速的书写中我不断地爬，我握紧自己的火把。这只是山的一边；

我还要看山的另一边；

投入此火。此火为大。

■ 赏 析

"我"听见时间"哔哔剥剥"炸响的声音，纷攘的大街被火把簇拥着，生活在这里真实而生动的打开，激情的头颅在狂欢，生命在迸溅、飞扬……

火，照亮所有人的一生，照亮他们的前面和后面。那些沧桑的面容，那些凝重的历史，在熊熊的火焰之中跳动着，遍染着"美丽而芬芳"的气息。是啊，"我藉此火得度一生的茫茫黑夜"，我藉此火得度所有如尘埃般纷飞的生命……

"投入此火，此火为大"。

萌动季节

熟悉的人太陌生

>> 刘　墉

爱情正是一个将一对陌生人变成情侣，又将一对情侣变成陌生人的游戏。

当爱情突然降临在两个人身上，他们会说：

"虽然我跟你认识只有一天，但我们却好像一见如故，总有说不完的话题。"

"我们认识的日子虽然很短，但彼此已经很熟悉，这是不是叫做爱情？"

"我们一定是前生认识的，所以这一生才会这么快便熟悉。"

因为爱情的缘故，两个陌生人可以突然熟络到睡在同一张床上。

然而，相同的两个人，在分手时说：

"我觉得越来越陌生。"

"我们一起五年了，但我越来越不了解你，我突然觉得你很陌生，这种感觉很可怕。"

"我们一起十年，但我觉得自己好像一直跟一个陌生人在一起。"

"那天一起吃饭时，我觉得自己好像跟一个陌生人吃饭，我们是不是完了？"

"当我一觉醒来，觉得自己好像睡在一个陌生人旁边，我便知道我们完了。"

爱情将两个人由陌生变成熟悉，又由熟悉变成陌生。"一见如故"原来是很快跟一个异性打得火热的藉口，而"你很陌生"则是向相恋多年的情人提出分手的理由。

爱情正是一个将一对陌生人变成情侣，又将一对情侣变成陌生人的游戏。

▉ 赏 析

时下这样的"游戏"是否还在上演？

以"一见如故"的谎言做为获得"打得火热的藉口"，又以"陌生人"的说辞来做为两个人分散的理由，真是煞费苦心，玩弄感情游戏，欺骗对方，也欺骗着自己的良心。

最好放下这一套骗人的把戏，用真心感受爱情，用体贴呵护爱情。让爱情的天空永远明净，永远深刻……

爱情到老

>> 黄伯益

　　爱情虽然不是生命的全部，但是，贯穿一生的不变痴情仍然是生命的经典。爱情到老，玫瑰的芳香就会浸染你一生的浪漫温情；爱情到老，飘忽不定的幸福就会像归途的翠鸟一样在你的心底筑巢。

　　他们是一对青梅竹马式的恋人，小男孩用一枚草戒指俘获了小女孩的心。小男孩将那枚草戒指套上小女孩的手指时，曾信誓旦旦地承诺："结婚时，我一定送你一枚真金钻戒。"可是，当他们决定结婚时，适逢兵荒马乱的岁月，由于灾祸，由于贫困，他们的婚礼简朴得有些寒酸。当亲朋散去，男人掀起女人的盖头，满脸歉疚："这世道将一切美好的东西击碎了，我只有这枚用心为你折叠的纸戒指。"女人伸出纤纤素手："有你这颗心就是世上无价的奇珍。"

　　五十年代是一个全新的时代，男人走出小村做了一名教师，女人也拥有了一份安稳的工作。男人没有淡忘当年的诺言，教学之余又伏案笔耕。终于，男人用积攒多年的稿费，实践了他金子般的诺言。女人并未将钻戒戴在手上，而是珍藏在心里。后来，男人因发表的文章招祸，作为"右派"被遣返回乡。女人不恋城市，随男人一起堕入苦难。返乡不久，为了拯救一病不起的男人，女人又变卖了那只招祸的钻戒，留下了沉甸甸的情感。

　　六十年代初的那场饥荒夺去了许多人的生命。饥肠辘辘的男人找到了一口救命的萝卜，和着野菜做了一小锅什锦萝卜汤，两人你一口我一口的互相推让，一顿饭仿佛比一个世纪还要漫长。痴情依旧的男人在生死关头竟然克扣了粮饷，他留下萝卜的内核为女人雕刻了一枚碧透的萝卜戒。

　　进入八十年代，男人和女人双双平反，可是，他们生命的华章早已被粗暴地割裂，华发早生的老人已没有了当年的朝气。男人和女人仍滞留在乡下，在时光的岸边陪伴夕阳。生离死别的日子终于来临，男人别出心裁地摆弄出一只玫瑰戒指，他小心翼翼地套上女人那枯干的手指，濒危的生命因爱情的照耀而重现光芒。女人走得安详而宁静，最后的微笑充满了玫瑰的芳香。

女人的离去并不是爱情的终结，她仍生活在男人的心里。

男人和女人用一生的时间来小心呵护的并不仅仅是一句儿时的戏言，那朵真情玫瑰芳香了几十年的风雨情缘。爱情虽然不是生命的全部，但是，贯穿一生的不变痴情仍然是生命的经典。

爱情到老，玫瑰的芳香就会浸染你一生的浪漫温情；爱情到老，飘忽不定的幸福就会像归途的翠鸟一样在你的心底筑巢。

■ 赏 析

一切的浩劫、磨难无法泯灭儿时的诺言，因为它是炽烈的，永不熄灭的爱的火焰。两情相依，两心相伴，从清晨走到黄昏，从天真步入暮年。但爱的温泉始终不会被风沙吹干，它奔腾着爱的细流，浇灌着两颗爱的心田。

尽管海枯石烂，尽管风云变幻，但爱的承诺永远没有期限，如果硬要划定一个界线，告诉你，那将是一万年！

爱情如雪

>> 刘卫京

　　爱情也像雪一样易融，距离过近，时时处处的相从，过分的亲热会使晶莹的爱情在很短的时间变成东逝水一去不返。

　　爱情来时像一场大雪，扑天盖地而来，让你不能逃避不能躲避，让你与天地融为一体。那雪肯定是酝酿已久的，你盼望着又不敢相信它能有如此美丽。雪落定了，你仿佛是忽然走到了童话世界，在爱情之雪的覆盖下所有的事物都变得美丽了，于是你的心地也变得澄清了。

　　在你的生命中也许要经历好多场爱情雪，但真正使你变成画中人陶醉其中的只会有一场，这样的雪有一场也就足够了，因为你已经从中欣赏到了生命的奇观。

　　爱情也像雪一样易融，距离过近，时时处处的相从，过分的亲热会使晶莹的爱情在很短的时间变成东逝水一去不返。

　　实际上，爱情和雪都是难以长久保存的，雪终究要化，爱情终究要消失或变质，——除非在最美的时候戛然而止，像梁山伯与祝英台，像罗密欧与朱丽叶。可是人都没了，爱情究竟还存在不存在？就算存在又有什么意义？

■ 赏析

　　是什么让你不能逃避不能躲避？
　　是什么包容了世物的"丑脸"？
　　是什么使生活变的甜美而曲折？
　　……
　　是的，是如雪的爱情。
　　她如少女的心，让你琢磨不透；让你如痴如醉。
　　但爱情又是那样的娇弱，像雪一样宣告生命的终竭。

在你过于亲昵，沉迷于如胶似漆时，她又体现了另一事物——弹簧的特性——只限你在一定的范围内"发生形变"，——这也许就造成了短促的爱的生命。

朋友，你怎样看待爱情？

因为爱你

>> *少 君*

因为爱你，我才像诗中说的那样不愿做攀缘在你身上的凌霄花；我更愿意我们是两株并立的木棉树，自己生长，茂盛；我不要成为你一丁点的负担，不愿用枝叶缠住你的手脚；我要我们彼此都成为对方眼中最独特、最隽永的一道风景。

这是当年在未名湖畔就该说出的话，但不知是因为当时语言太笨拙，还是没有现在年轻人的那种什么都不吝的勇气，直到今天才写出来：

说实话，因为我爱你。

以前在图书馆里，你坐在我的对面时，我没敢说。而此时此刻，当我们中间隔着长江，隔着秦岭、泰山时，我才真正地感到了这句话在茫茫尘世中的分量。

因为爱你，我才像诗中说的那样不愿做攀缘在你身上的凌霄花；我更愿意我们是两株并立的木棉树，自己生长，茂盛；我不要成为你一丁点儿的负担，不愿用枝叶缠住你的手脚；我要我们彼此都成为对方眼中最独特、最隽永的一道风景。

因为爱你，我独自一人爬到很高的山上去看你。能不能看到，只有我自己知道；看到了没有，只有你知道。蔚蓝的天空下，闪烁着你又黑又大的眼睛。两个人的天空里放飞了一只不归的风筝，飞得越高就离你越远，把本来就很柔弱的心揪得更紧。

因为爱你，所以我不介入你的心灵世界，不打扰你的生活，你的安排。我只是静静地等待，等待我的心被射中时滴下的泪，等待共赴心灵之约后可以熔融一切的火花，等待你用我最熟悉的姿态走来，我们紧紧相拥。

不是不羡慕那些有一个宽宽的臂弯可以容纳自己的人们，不是不珍惜那些我们相濡以沫共同度过的时光，当我被抛进这个陌生的城中，从我们决定各奔前程的那一刻起，代替了无刻不在噬咬着我心的恐惧及思念的，是勇气，是爱。因为我们曾在湖边上留下"为了爱，自己过"的誓言；因为我们曾经相约不做到最好不再相见；因为我们已经将彼此的笑容烙在了心里。

可是我依然坚强，我不后悔。因为我也无法扭转时光，回到我们深情的原点。多少个夜里，光阴荏苒，小男孩和小女孩在北风呼呼的霓虹灯下把一个烤白薯推来推去，竟是为了可以让对方暖暖手心。多少个夜晚，我们不期而至。

所以，亲爱的，也请你坚强，在我转过身而去的时间。请你不要流泪，不要回头，不要把我的心弄得一团糟。你要好好地保重自己。前行的路上，我虽然不能与你相依为伴，可我愿化作一盏明灯，点亮你漫漫的征程。

很喜欢齐豫那首《让爱回来》。漫天星光，好似你明眸善睐的眼，我郑重写下：

因为我爱你。

▌赏 析

因为爱你，这世界会显得多么宁静。

因为爱你，"我"不想让"我们"彼此成为对方的奴隶。"我"不想再回味那段"相濡以沫共同度过的时光"。

因为爱你，"我们"放飞彼此心中的"风筝"，让两颗"柔弱的心揪得更紧。"

因为爱你，"我们"彼此"坚强"地活着，"等待共赴心灵之约后可以熔融一切的火花。"

"为了爱，自己过"。

爱也有度　恨也有度

>> 谷　莉

我们就只有像每天笑迎朝阳升起，静送夕阳西下那样对待爱情。当爱出现时，我们热情勇敢地拥抱它珍惜它，被它沐浴；当爱将离去时，我们理智而坚强地正视它与它挥别。然后拭干眼泪等待迎接如再度升起的太阳一样的爱。

有人说爱是萍水相逢：在你毫无准备时突然出现在你的面前，对你微笑并将你穿透。

有人说爱是生死相依：它以神奇的力量将两个人的命运紧密相连。

有人说爱是一种使命：你一旦遭遇爱情，你便成为世上最善良的人，坚定地走在朝圣的路上。

有人说爱是接受一切：无需管别人怎么看，你爱了，这就是惟一，就是一切。

还有人说爱是一个谜：恨之入骨是因为爱；背井离乡是因为爱；燃起希望是因为爱；无奈绝望是因为爱。

世间有多少人就有多少种对爱的注释。而哪一种注释都不能全面、准确、到位地破译它。

欢乐的爱是爱，痛苦的爱也是爱；长久的爱是爱，短暂的爱也是爱。

世上的爱有许许多多，而创造这爱的只有两个人——男人和女人。

每个男人都想爱女人并被女人爱；每个女人都想爱男人并被男人所爱。

人们在得到爱时说爱像雨，它将干涸的心滋润；人们在失去爱时说爱像风，它来无影去无踪；人们在爱与非爱之间时说爱像雾，它似有似无朦胧不清。

其实，爱既像雨又像雾还像风。有时候还像阳光，因为你只可以感受它，拥有它，却不可以抓住它，想永远占有爱是一个奢望，世间有没有永恒的爱是一个古往今来百谈不休的话题。如果比较客观的科学地讲，应该说有，只是不多。宇宙之大，我们每一个人都有无法感知的角落，我们不能因为自己没有得到爱，或者没有得到长久的、永恒的爱而怀疑一切，甚至因爱而恨。近而男人仇视女人，女人远离男人，那将会让世界变得冷寂荒芜，因为世界是在男人和女人的对视中完整的。

女人只有在男人面前，才能更多地显示出女人的性别特点和娇柔妩媚；男人也只有在女人面前，方可完整地展示出属于男人的阳刚和伟岸，唤起潜藏在血液中的创造激情和坚毅性格。

男人是女人的镜子。

女人是男人的镜子。

爱使男人和女人永远的互相抚慰相互依恋，相互扶携，又相互敌视，相互挫伤。而明智的男人和女人，则必是爱也有度，恨也有度。

既然雨、雾、风的总和才能象征爱，既然爱像温暖明亮迷人的阳光一样，那么爱就不是每时每刻，爱就必然有升腾有殒落，而生活则是日日夜夜、岁岁年年。

既然我们不能让爱招之即来，又不能阻止爱的毅然离去。

作为一个现代人，我们就只有像每天笑迎朝阳升起，静送夕阳西下那样对待爱情。当爱出现时，我们热情勇敢地拥抱它珍惜它，被它沐浴；当爱将离去时，我们理智而坚强地正视它与它挥别。然后拭干眼泪等待迎接如再度升起的太阳一样的爱。

■ 赏 析

若深陷爱的泥潭不能自拔，若因爱怅惘因爱哭泣因爱而心力憔悴……——这是爱的悲哀。

"爱也有度　恨也有度"。以崭新的姿态迎接爱，以豁达的心情正视爱，以平静的态度对待爱。只有这样，爱才会常驻心头，生命之路才会暖意融融。

看着我的眼睛

>> 赵金禾

我看到了纯真，看到了坦然，看到了正气，还看到了一脉温情。从此，我就逃离不了那双眼睛。我的日子也多了那双眼睛的照料。

我们第一次见面的时候，我不敢看你，我也不知道是为什么，就是不敢看你。你说，看着我的眼睛。我就看了。你的眼睛不是很大，也不是很小，很明亮，也不是有人形容的水汪汪，我的形容是，亮晶晶。

你说，看到了什么吗？

我看到了纯真，看到了坦然，看到了正气，还看到了一脉温情。从此，我就逃离不了那双眼睛。我的日子也多了那双眼睛的照料。

也不知从什么时候起，"看着我的眼睛"竟然成了我的座右铭，你那双眼睛全然挥之不去，眼一闭就自来，还带着笑，带着声音……你无须再问"看到了什么"，你已经从我的眼睛里找到了答案。我们见面的日子，不用说话，相互的眼睛就告诉了彼此的一切。说"眼睛是心灵的窗口"，我总以为不大准确。"窗口"总有个关闭的时候，而心灵从来就是为某种信仰守候着的，不疲倦的，执著的，连遇到伤痛也还是守候。"关闭"不属于心灵。

你的心灵就在你的眼睛里。我就要说，眼睛是心灵的住所。"看着我的眼睛"，就让我懂得被你接纳的是什么和不是什么，我也就和纯真、和坦然、和正气有缘了。当然不乏"温情"，不过那是属于男子汉的温情，浸润着阳刚。当我看着你的眼睛，你不也是看到了我的眼睛么？

■ 赏 析

用眼睛交谈，这是无语的倾诉，心灵的透射。从那双眼睛之中，你读懂了她的心灵，读懂了那种"纯真"、"坦然"和"正气"。在这个闭合的世界里，你感知到那股发自心底深处的默默的温情，它涤荡着你的眸子，接触着来自你的光芒。

在这个"心灵的住所"里，包藏着一团多么炽烈的火焰，它就要消溶那些酷寒的冰川，抵达爱的彼岸……

■ 夜阑人语

>> 戴 衍

仅仅为着这命中的缘份，仅仅为着对方千辛万苦的等待和执著坚定地寻找，我们就该终生为之感动并且永远相爱、厮守。

我深信，你是为了寻找永世的幸福才投入我的怀抱的。你爱我，并且认定我的胸膛是你坚实的靠山，心灵的乐土。

亲爱的，请放心。我不会使你失望，更不会使你日后感到懊悔。

因为，我也是那样的爱你。我敢于作出这样的承诺是因为我的内心怀有和你同样的情感和祈求。

我不认为我们的相爱和结合是一种偶然。

你穿越迢迢时空，走过茫茫人海，涉过千山万水，拒绝所有的羁留和诱惑，最终就是为了走向我。

而我，在风雨中苦苦追寻，在长夜里默默期待，望穿双眼，骨立形销，最终也是为的走向你。

彼此都是对方前世注定的情人。

仅仅为着这命中的缘份，仅仅为着对方千辛万苦的等待和执著坚定地寻找，我们就该终生为之感动并且永远相爱、厮守。

也许，我并不是这世间最好的，但是，我会努力成为这世间最值得你爱的。

为了你的爱，你会尽可能地完善自己，使自己的心灵和人格更加趋近于美好。

如果你全身心地爱我，而我却不能成为你的骄傲，那将是我莫大的痛苦和耻辱。

永远都会记住我们初见时的兴奋和惊喜，永远都会记住我们初吻时的幸福和甜蜜，永远都会记住我们初夜时的激动和沉醉。

记住这些最初，记住这些最新鲜，最独特的感觉，我们的爱情就会永远像鲜花一样娇妍，像晨露一样晶莹，像新月一样美丽。

我们乐意爱。我们也乐意被爱。

乐意爱，是因为爱使我们感到充实。乐意被爱，是因为被爱使我们感到由衷的满足。

因为爱你，我不会愚蠢地因为爱而限制你的自由。

爱，应该给对方更大的自由舒展的空间，而不应成为对方的限制和束缚。

爱，一旦成为对方的负担和累赘，这爱便会变质、变腐。

因为爱你，我会永远在和你平等的高度上与你彼此构成同样强烈的吸引。

我不是你的主人，也不是你的奴仆。而你也不是。

我们就像是一副相互支撑的"人"字架，有任何一方突出了自己，爱之大厦就会发生偏斜，甚至倾坍。

我不希望因为有了爱之巢，你就被爱之巢所禁锢。

当你因白日的飞翔而疲累或因风暴的袭击而伤痛的时候，我会让你有温馨、安宁的夜晚。我会用我全部的爱给你温存，给你抚慰。

但你不能就此永远收敛了你的翅膀。日出之后，你还应该继续飞翔。

你应该始终拥有属于你自己的一片蓝天。

你只有始终保持独立的自己和有创造的自己，我才会更深地更长久地爱你。

我不讳言，爱你，不只是因为你的心灵，你的容颜和形体对我同样有着极为强大的魅力。

当你用秋水般的眸子脉脉含情地看着我的时候，我总是心荡神迷，内心有一种难以抑制的冲动。我恨不能立刻变为一粒石子沉进你的心湖深处。

只有被你包容，只有进入你生命的最深处，我才感到人生一种最大的欢悦。

我也许今后不会太多地说"我爱你"。但我会始终用欣赏的目光看你，我会热烈地亲吻你，爱抚你。

我会在你心烦的时候陪你去散步，我会在你高兴的时候携你去郊游。我会在你生日的那一天，把房间布置一新，然后，在餐桌上放上我亲手制作的佳肴，还有特制的生日蛋糕和生日蜡烛。

一句话，我会在行动中更具体更实在地表现出"我爱你"。

■赏析

永远相依，永远甜蜜。——这就是爱的承诺。

既然"我们"彼此吸引走到一起，既然"我们"乐意享受"爱"与"被爱"的甜美，"我们"就应该共同构筑爱的小巢，共同珍惜最初的那份浪漫和温馨。

相互拥有又相互独立，相互"进入生命的最深处"，静静品味真实的爱情的滋味。

是什么叫"我们"相守终生并毫无悔意？一句话：因为爱你！

一句话一辈子

>> 丽　然

恍惚中我洗礼后的身子风轻玉洁，红尘驿道上飘飘白衫的他正遥递一份刻骨心事，让我去做一次经典爱情的主角。

为了一句话，她甘愿跟随他一辈子。很痴。

那天，她和他相遇。他说，看过她写的许多文章，知道她过去的苦和泪。她苍白的眼睛苍白地看着这位伟岸的男人。她听到"过去"这字眼，她想到了父亲的早逝、童年的孤苦，六年前婚姻的消亡、漫长的寒冷的死寂的夜晚，她压制着颤栗。他说，现在好了。终于找到了。上帝派他来爱她的，他将用生命向上帝保证：从此让她快乐和幸福。她的眼眶一下子盛满泪水。她的面庞一下子绯红。他拉着她的手。她将手握成一拳，放在那双宽大的手的中心。让冰凉变成灼热。

上帝派他来的。上帝赐给的爱。为了这一句话，她甘愿跟随他一辈子。无论海枯石烂。不管天涯海角。

后来呢？他俩是否白头到老、恩爱有加？我不得而知。我只知道，在世纪末的最后一个新年的晚上，我听到了这个故事的开头。

爱情曾经是那样单纯、圣洁又深刻地回旋在过去的岁月，水是清的，钩是直的，爱情是一尾不被诱惑的鱼在波底静默成晶莹透亮的水晶；后来，钩弯了，上面有了饵，鱼也跃跃欲试；后来，人们匆忙浮躁得连等待鱼儿上钩的耐心也没有了，金钱与物欲的迷药干脆搅浑一潭清水，水底的鱼白花花地陈尸水面。蓦然回首，纯美爱情正像被奸污的少女，在世纪末的哀婉中楚楚可怜。

只是在这午夜时分，我们还可以听到一句话造就的忠贞爱情。我孤独地躺在被子里，闭着双眼：他和她的形象，就在我眼前活动。那么真切。令我无边无际地想象爱情。有爱的人们在这样一个特殊的夜晚，一定要相依相拥，共同走过，只需这么一点点具体和真实，爱的魅力就光芒四射。

午夜的收音机传送的全是现代人仓皇的爱情宣言，那喋喋不休诸如

"很爱很爱你"的表白已经无法支撑日渐变质的爱情，苍白萎顿。谁还会因为一句话而痴爱一辈子呢，这已是太傻。恍惚中我洗礼后的身子风轻玉洁，红尘驿道上飘飘白衫的他正遥递一份刻骨心事，让我去做一次经典爱情的主角，太奢侈了吗？

■ 赏 析

现代社会，到处都是仓皇的人们，到处都是"喋喋不休"的爱情宣言，孰真？孰假？爱情被多么廉价地买卖，"一句话"能够锁定两个人的终生？

现代社会，挥霍爱情逐渐成为一种主流，在人人都高呼"解放"的背后，谁真正充当了"奴隶"？

谁还能真正"做一次经典爱情的主角"？但愿是我，是你，是所有的人。

不过，这只是"但愿"而已。

流动的风景

>> 彭学文

那纤柔易感的心域，似乎就是蓝蓝的天宇，有些许寂寥，又有些许神秘。这幽空云影是高深的，迷蒙的。她偶尔驻足回眸，已将水莲般的娇羞换成了美的深刻和储蓄。

女孩儿是一道永远流动的风景，永远看不够的风景。正是这一道道风景，才点缀了多彩的世界，丰富了斑斓的生活。这风景既属于男孩儿，也属于女孩儿自己。这风景同大自然的风景一样，各具韵味，又独领风骚。

成熟而典雅的女孩儿如同秋光里淡淡的流云，那若有若无的淡妆、从容优雅的举止，自然而然地流露出一种飘逸、一种旷远。那纤柔易感的心域，似乎就是蓝蓝的天宇，有些许寂寥，又有些许神秘。这幽空云影是高深的，迷蒙的。她偶尔驻足回眸，已将水莲般的娇羞换成了美的深刻和储蓄。这道风景只可远远地欣赏而不可企及。因之，这类女孩儿让人领悟到的不是俗美，而是她的气质、品味、恬静和风韵。

清纯少女是一座名园，里边有山有树，有花有草，有小桥流水、楼台亭阁，一切都是那么赏心悦目、精致玲珑，而其中又包含随心所欲的味道。她的心似园子，又无法被园子所涵盖。她的冥思遐想如轻柔的风，早已飘出园子，做一次深呼吸。她走在花径上，远了，如花弄影；近了，似香满衣。一张张不施粉黛的脸，如园中的清池，亮澈透明。那印花长裙、短装牛仔、蕾丝花边，很随意，又有朦胧、跳跃的质感。她处在出世与人世的边缘，淡淡的，很缥缈。她喜欢人们走近她，欣赏她，而又保持一定的距离。

浪漫女孩儿有如一望无际的草原，一切都没有遮拦，没有束缚。她总是别出心裁，有玩不尽的花样。"疯"了，可以抱着情郎在草地上打滚，在风雨中"做秀"；累了，可以懒懒地躺下，仰望天空，静静遐想。她有时热烈得像篝火，从里到外都听得见噼剥的燃烧声；有时又安分得像静谧的月色，迷离地撒下了融融的心事。她就像桀骜不驯的小妹妹，永远长不大，永远散发着紫罗兰、薰衣草般的馨香。她也有忧郁的时候，像草原上骤然阴翳的天气，但得到的呵护总是很男性，很抒情。

美丽女孩儿恰似长长的画廊，让你欣赏不够。名画珍贵，人们总要驻足留连。美女很懂得珍视和利用自身的价值。美丽如画，她就是活生生的画，变幻无穷的画。她的画技无懈可击。然而站得很高，看起来很冷，仿佛在傲视"群雄"。不管怎样，这风景值得浏览。因为她们永远创造着崭新的诱惑，领导着时装的潮流，很先锋，很性感，很青春，很有活力。拒绝观赏，也就拒绝了美丽。但愿这画幅，不要有赝品。

■ 赏 析

驻足于女孩这道"永远流动的风景"前，静静欣赏她的成熟、清纯、浪漫和美丽。

女孩儿增加了我们生命的活力，她"流动着"，她让人类真正体味到美的含义。

因为有了女孩儿的天空，这世界才多么的多彩绚丽；因为有了女孩儿的天空，这生活才充满了生机和活力……

很难想象：没有女孩儿的世界，该是个什么样子呢？

只想让你看见我

>> 张丽钧

分一只美目给爱人，分一半世界给佳侣。这惊心动魄的馈赠让多少爱情故事顷刻间枯败凋萎。

这是一个令人嗟叹的故事：沙特阿拉伯首都利雅得的一个男人因患眼疾双目失明，坠入无边黑暗的他万念俱灰痛不欲生。他温良的妻子在悲恸啼泣之余作出了一个让世人无比惊骇的决定——为深爱的丈夫捐出一只眼睛。这个伟大的计划顺利地付诸实施了。而那个为爱牺牲明眸的女人一时间成了利雅得媒体争相追踪的热点人物。但是，时间不长，这美丽的故事就引发了另一次举世哗然——她因为独眼的丑陋而被重见光明的丈夫无情地遗弃！

我的心在一张刊载了这故事的华文报纸上颤了又颤。我不想去指责那男人的阴冷和刻毒，我只想对那为爱者施予光明的姐妹奉献我由衷的敬慕。如果她不是天使，她完全可以坦然地独享朝花秋月；如果她不是女神，她完全可以泰然地领赏阳春白雪。但是，她偏偏选定了万箭攒心的苦难。

分一只美目给爱人，分一半世界给佳侣。这惊心动魄的馈赠让多少爱情故事顷刻间枯败凋萎。

——只想让你看见我。这一定是她心灵深处无悔的声音。看呵，看我这为你而美丽过的容颜，看我这为你而丑陋着的容颜。你心里生出了怨嫌么？那就请你转动着我的眸子去捕捉你新的生活目标吧。只是啊，当你看到云时，云中有我，当你看到花时，花中有我。你欢笑了，甜蜜最先滋润我；你淌泪了，苦涩最先浸泡我……噢，我多么可怜你这不懂感情的人啊——你失明的，何止是一双眼睛？

■ 赏析

这是爱的绝唱，爱的馈赠。

"分一只美目给爱人"，不为别的，"只想让你看见我"，看见我

"丑陋着的"美丽,看见我的爱,我因爱而伤透的心……

世间最伟大的莫过于爱的奉献,世间最卑劣的莫过于对爱的遗弃!

那个"阴冷和刻毒"的男人,虽说他重新找回了光明,但他却最终背弃了良心。

"那个为爱牺牲明眸的女人",虽说她"选定了万箭攒心的苦难",但她却拥有炽热的爱的灵魂……

■一道心理测试题

>> 陶粲明

有些人，爱不敢爱，做不敢做，恨不敢恨，样样计算得清清楚楚，有几分耕耘有几分收获，样样看不开，不如做个电脑算了，起码没有烦恼。

那天给馨看一道心理测试题：

"春天的鲜花，夏日的溪水，秋天的月儿，冬天的太阳。"从中选一种自己最喜欢的，看看自己是不是具有浪漫的气质。

馨想了想，拣出了"秋天的月儿"。太浪漫，近乎忧郁。

这时，她的新一任男友进来，高高大大的一个男孩。馨把四张小条递过去，让他选，他扫了一眼笑着说："你们女人的游戏。"随手毫不犹豫地将"冬天的太阳"塞到馨手里。

馨眨眨眼，"你一个冬天手都烫人，干嘛选这个？"

男孩奇怪地看看馨，似乎她应该知道原因。

"你不是最怕冷吗，手老冻得肿肿的。"

我惊住了，感受着他手中那个太阳的温暖。馨怔怔地望着他，眼睛亮亮的。

爱，有时候其实很简单。

半年后，馨嫁了他，那个为她选择太阳的男人。

■赏析

在浪漫之旅中的一个驿站，馨遇上了他，他"高高大大"的外表之内，有一颗火一样炽热的心，他把"冬天的太阳"塞到馨手里，把仅存的最后一缕温热送给馨，在那个浪漫的夜晚，馨第一次体会到爱与被爱的滋味，她嫁给了他，让爱情的藤蔓缠绕在那棵高大的树干之上……

这就是爱情，这就是爱的港湾爱的驿站爱的寄托，它轻轻地载着两颗激越的心脏，继续开始新的浪漫之旅……

相约在酒吧

>> 刘　鑫

　　爱情就是爱情，任何爱情以外的字眼都不足以形容爱情的本身。爱情是一种浑然忘我的感觉，这种感觉来无影去无踪，瞻之在前，忽焉在后，到我们认识这种感情正是爱情时，爱情可能已经渐渐从我们眼前模糊以至于消逝了。

　　日子，如流水，在经意不经意之间从梅子端着的浓浓的咖啡中滑过，从梅子慢慢的但不轻盈的脚步中滑过，从梅子翘首以待的忧怨眼神中滑过，从……每一天，每一次，梅子的期盼都如那亘古不变的太阳，在晨雾中升起，在暮霭中坠落——他仍未来过。一年啦。

　　窗外淅淅沥沥。"就和那天的天气一样……"梅子想。她正不知第多少次地擦着那临窗的桌子，把头漠然地转向窗外，眼里写满了风景依旧人事全非的惆怅……今天就整整一年了，一年了！365 天，58760 小时，525600 分钟，……秒！

　　一年来，梅子的酒吧红红火火，新老顾客络绎不绝，生意火爆，有时几乎是通宵营业。梅子知道，这些，只因那特醇的酒，只因那特浓的咖啡，归根到底只因他。梅子的酒吧装潢了好几次，扩建了好几次，然而，有一处始终未变，那就是临窗的那张桌子。今天就是整整一年了，为此，梅子已公告大家，这一天免费服务，欢迎光临。似乎说不出为了什么，梅子只想在这一天做点什么，算作纪念，然而又说不清要纪念什么。客人一批又一批地光临，梅子让服务员接待，自己却漠然地望着窗外……雨丝如麻，心绪如雨。

　　他?！梅子陡然周身热血涌动，窗外站着的是，是他?！梅子不信，不，是不敢相信。然而那双炯炯有神的眼睛又使她不得不信。梅子以为自己正大喊着冲出去，然而事实上却纹丝未动。事后梅子才回忆起当时"心动身未动"的怪感。或许她看见他正慢慢走进门来，他的目光并没有专注于什么，但梅子分明感到那目光灼灼逼人。似乎就在她一动不动之际，他走向窗口，走向那张桌子，步态跟一年前一模一样——这只是梅子的感觉，其实梅子以前并没有注意过他的步态。顾客越来越多，很显然，今天又会爆满。酒吧内充满了欢快的笑声，除了与年轻的女老板例行公事般地打招呼，谁也没有真正注意她和他。

"请来杯'雀巢'。"他平静地说。目光落在桌子的一侧，目光漏出的是疑惑：没坐的？

"请稍……稍……稍……等！"她感觉到了自己声音的颤抖和眼睛的湿润，她似乎特别适应不了他的平静，手忙脚乱地转身走过去。

不一会儿，一张太过熟悉的椅子和一杯浓浓的咖啡出现在他的面前，一切都如过去。她看着他啜了一口，她更看到他挂在嘴角边的一缕微笑。她跑上歌台，酒吧内充满了柔和的音乐，她拿起麦克风，泪光点点，她说她要给大家讲一个故事："一年前的今天……"

全场寂然。只有那如同圣歌的乐曲善解人意地制造着圣洁的气氛。

日渐晚，人渐散。终于只剩下她和他。她跑到他的桌旁，吐出零度语气："明天还来吗？""我会来的，不只是明天！"声音坚定如铁。雨线柔绵如丝。

相约在酒吧。

■ 赏 析

这是一篇不可多得的佳作。构思独特，以虚胜实，含蓄蕴藉。本文开头以形象的排比艺术地"虚晃一枪"，让梅子等待的日子从诸多形象中"滑过"，很有韵味。心理刻画的细腻也是本文的一大特色。梅子"心动身未动"的怪感，梅子对"他"步态的未曾注意过而又似曾相识，看似违情背理，却又合情合理。语言上的锤炼也很见功力。题目"相约在酒吧"不仅交待了人物活动的典型环境，而且成功地对歌曲名"相约在98"仿拟。所谓"相约"，既扣住了倒数第二段"明天还会来吗"的对话（问者发出邀约，答者应约），又呼应续写内容中一年的等待，这等待正是心灵的"相约"。

■ 闵苇的爱情

>> 周俊伟

在经历了一场如痴如狂的爱情的洗礼之后，闵苇终于从梦中回到现实，社会地位的矛盾冲突关闭了那扇爱的窗口，但闵苇却"异常自信"，她从那片不属于自己的果园中走出来，"天这么大，应该有她的一席之地"。

面对来自于"剑"的父母的压力，闵苇毅然地选择了逃避，她到底是弱者？还是强者呢？

若干年前，乡村女孩闵苇曾经用稚嫩的笔写过一个爱情故事，那是她哥哥的婚姻悲剧。那时闵苇认定，爱情真是一个疯狂的杀手。

现在闵苇自己也走进了恋爱季节。也就觉得把爱情比做疯狂杀手的说法是多么荒谬，爱她的是她主人的儿子，她是他们家的保姆。曾经读到高中毕业的闵苇有过许多理想，其中非常具体的打算是要进城。后来她真的进城了，到一户为官的人家来做保姆。威严的女主人常常把一些漂亮的女孩领进家里来，却让清高的儿子愈加清高。黄昏的时候，闵苇干完一天的活，洗一个舒心的澡，在客厅的一角开始读自己喜欢的书，或者在阳台上轻轻哼一首最新学会的流行歌曲。不知什么时候，她发现有一双眼睛总在注视她，而她的回避反而助长了他的这种心理。有一天，家里来了许多尊贵的客人，宽敞的客厅变成了乱哄哄的卡拉 OK 演唱会。她不停地给客人们斟茶递水，忙得满头大汗，她没有料到他会当众邀请她献歌一曲。"长亭外，古道边，芳草碧连天……"她是捧着自己的心在唱，质朴清丽的音色，经过话筒的过滤，仿佛天籁般动人。她是谁？所有的达官显贵、名媛淑女瞪大了眼睛。她是我的朋友！他骄傲地宣布，并且用灼烫的目光深深地注视她。而她的心之门，从此被这个名叫剑的人用剑一样的东西射开了。

此后闵苇的生活起了变化。爱情让一个高傲、懒惰的小伙子变成了保姆的保姆。事情发展到他带她去超级商场购物，去参加朋友的婚礼……他的父母终于知道在他们眼皮下发生的事。那天，他们和儿子谈话时间很长，闵苇躲在自己的房间里便没有了信心。她隐隐想起看过的描写主仆相恋的小说，结果总是悲剧。后来的几天里，剑似乎在回避她的目光，她的心就沉下去。终于威严的女主人找她谈话了，态度异常地客气，她首先肯定了闵苇在他们家的劳动，接着说起剑即将出国深造的事，又说剑的爸爸又要提升了，这可能意味着公家要给这里配一名公务员，而他们已经给她找到一条出路：介绍她到另一户干部家去做保姆。她说得那么和善、亲切，仿佛根本不知道自己的儿子正和闵苇在恋爱。

接下来闵苇用泪水洗涤了一遍自己的心灵：自己和他，是恋爱呢，还是仅仅是异性之间的吸引？或者他只是在和她玩一次爱情游戏？闵苇默默收拾自己的行装。一个乡村来的姑娘，凭一份志气吃饭，她应该改写这个故事的结局，她不是以往俗套故事里撕心裂肺的弱女子，她不会悲悲戚戚回到乡下去，也不会再到另一家"干部家庭"去做保姆。这天夜里，剑在厨房门口堵住她，说要和她谈谈，她嗫嚅着说不必要了，只当什么也没发生。当他试图再次亲吻她，她强忍泪水，踢翻了一张板凳，在威严的女主人闻声出来的时候，剑立刻软弱得像一团面浆。

闵苇在一个美好的清晨离开了这里。她轻手轻脚为这户全都在熟睡的人家准备好了早点，地板、门窗也都擦得干干净净，然后她就轻轻带上了门。她拦住一辆出租车，轻轻说了两个字：车站。她已经想好了要去哪里，这一刻她变得异常自信。天地这么大，应该有她的一席之地。

■ 赏析

作者对社会具有一定的观察力，善于抓住事物的主要矛盾。文章围绕社会地位的矛盾冲突及人格展开，有特色，有新意，对社会现状有着真实的反映，并有一定的理性思考，不失为一篇优秀作品。

面对来自于"剑"的父母的压力，"闵苇"毅然地离开了这块爱之梦地，她到底是弱者？还是强者呢？

感谢庄重

>> 张玉庭

"庄重"是美，它拒绝粗鲁的纠缠，拒绝过度放肆的语言和举止，它就静静地站在那里，只用"一句话"，一个眼神，就能荡起你对它的美好的回忆……

我终于娶了她。

就在结婚那天，我告诉了她一个秘密："我永远忘不了一位老人。"我说，多亏了他的帮助，我才有了认识你的机会。

"什么机会？"她笑眯眯地问。

"我曾拜托过那位老人，当只有我俩上电梯时，请他悄悄地把电梯停止五分钟，好让我好好看你。"

"那老人立刻答应了你，还关了电灯。"她说。

"你怎么知道？"我吃了一惊。

"那人是我爷爷。是我让他关的灯，我想考验你，看你会不会趁黑暗偷偷地吻我。"

"可我没敢吻。只说了一句：'小姐别怕，有我呢。'"

"也正因为这句话表明了你的庄重，我才决定走近你。"说着，她吻了吻我的眼睛。

啊！感谢庄重！原来守法的果最甜最甜！

▇ 赏 析

"庄重"是美，它没有浮躁炫目的光辉、没有扑逆迷离的倩影，也没有摄人心肺的热吻，"庄重"就是一枚相当成熟的果核，虽不耀眼，但却是孕育果实的根基。

"庄重"是美，它拒绝粗鲁的纠缠，拒绝过度放肆的语言和举止，它就静静地站在那里，只用"一句话"，一个眼神，就能荡起你对它的美好的回忆……

心　雨

>> 侯清华

这是什么样的心灵波动？一会儿心悸，一会儿心死；我期盼重新变得美丽，不被你照得太萧瑟；我期盼更加勇敢，足够抗拒你的美感；我期盼更加超卓，能够与你把酒论交；我期盼能够掳人，也能被掳，那用星星温柔光辉包围的脸孔，我要逃避你，逃入黑夜的阴影里，再不渴望阳光。

天突然下起小雨，雨也朦胧，天也朦胧。在沈城的汽车小站上，等了许久的你，递给我一把伞，我默默地接过伞，只觉得一份温暖驱散了我心中的孤独，一股甜蜜溶化了我心中的苦涩……

我和你在一把伞下，肩并肩走进了雨中……

如今雨季又来了，我却在陌生的异乡，孤苦零丁，像漫天细雨中的一滴，随风飘荡……

路旁新柳低垂，清清纯纯，像情窦初开的女孩儿，含情脉脉，羞羞答答。记得也是在这样的绿色初夜，我和你漫步街旁。你突然停住了脚步，握着我的手，饶有兴致地指着前面的路口交通指示灯说：万绿丛中一点红。我回了你一句：心有灵犀一点通。

细雨绵绵，情更绵绵，甜蜜的回想把我引向了遥远的天边……

一个飘雪的冬天，我呆呆地坐在冰冷的小屋里，身上的血似乎已经凝结。突然，一个潇洒的身影随着那扬扬洒洒的雪花飘到我的眼前，霎那间，一丝意外，一丝惊喜，一丝颤栗，蓦地涌进我的心坎……你向我张开双臂，我第一次扑进了你的怀抱！

多少次独自沉浸在那种心跳的感觉里，多少个梦里是我是你，相偎相依，可醒来，这是两地相隔，只有泪水枕边滴……

我只好默默地、默默地劝慰自己：轻轻地掩上那敞开的心扉。

▉ 赏 析

　　一段酸涩的回忆，一段关于朦胧的爱情的话题，滋润了"我"的心，溶化了我心中的苦涩和孤独，"我"深陷其中，在回忆中，一遍遍地恬读昔日的温柔和美丽。

　　但回忆终归是回忆，"我"不能任回忆填补现实的生活，"轻轻地掩上那敞开的心扉"，从昔日的那段温情中重新站起，重新塑造一个崭新的自己……

翻读旧情书

>> 风 儿

让心重又去体验那时那地的心情，苦涩已被甜蜜稀释。过去就像一首歌，悠扬地在心里唱起。

我和男友曾是同窗，但那时仅仅如此而已。当我们相恋时，却是在同一城市的两个学校里。于是，注定了许多时间里，我们只能靠一纸信笺来牵扯对方。眼前怡人的风景，想与他共享，把它写在信中吧；今天的心情不错，不为什么，也想告诉他；和同学有了点小矛盾，怪不舒服的，对他倾诉吧……他写信过来，说他有和我一样的感受、顿悟和如阳的心情。

在那些互相牵念的日子里，它们就担负着这样的使命——载着一颗心去接近、慰藉另一颗心。

但那毕竟不能满足两颗日日思慕的心。有时由于邮差的蜗牛速度，没有准时收到信，于是就胡乱猜测起来，便因而伤心、气闷，赌气也不给他写信，他收不到信，也开始不安，急急写信来"审问"。

在那些想见却不能的日子里，饱尝着魂牵梦萦的滋味，恨不能冲破空间的阻隔，和他聊生活中的每一话题。盼望着早日结束这种牛郎织女，银河相隔的状况，于是恨这种距离。

工作后，我们终于有了较多的时间在一起。不再有等信的期盼，要说什么话，想对其倾诉的那个人就在身边。一日，想起了从前，想起了那些信。翻开那些因他写的信纸便称之为"情书"的东西，用夹生的普通话朗读那些字字句句。不知为什么，我们都笑了。"不要读了。"他大笑着禁止我。我望着他，邪邪地笑，"不是你写的吗？""写来自自然然，让你读来怎么就不是那么一回事了。真正是'狗嘴吐不出象牙'！"好哇，居然这样说我，不让我读，我偏要读。他上前来夺，两人笑成一团……

如今，我将那些信按时间先后装订成册。闲来偶尔翻翻，让心重去体验那时那地的心情，苦涩已被甜蜜稀释。过去就像一首歌，悠扬地在心里唱起。

■ 赏 析

人常说：距离是美。

是啊，看看身处异地的他们，听听那段"日日思慕"的心声，感受那段"魂牵梦萦"的日子，你会真切地领悟到爱的力量，两颗突突跳动的心脏。

一旦距离被打破，生活又重新归于平淡，昔日的浪漫变成甜甜的回忆，而正是这种回忆，支撑着两个人的空间，"稀释"了那颗"苦涩"的心。

朋友，倘若我们无法保持距离，那就千万不要再丢弃回忆！

回忆是止痛药

>> （香港）张小娴

年深日久，彼此对自己深深爱着的人，有愈来愈多的期望和紧箍咒，在一次又一次的失望中，大家只能回到久远的回忆里，用回忆来支撑一段日渐苍白和荒凉的爱情。

有时候，我们爱着的，不是现实里的那个人，而是回忆里的他。

初遇时他的微笑，他往日的深情，承诺和傻劲，两个人共度的美丽时刻，一一印在回忆里。今天的感情已经比不上从前，但是我们爱着恋着往日的他，舍不得离开。

一个男人说，在那段双方感情如一池死水的日子里，与他同住的女朋友每天在他面前翻看他以前写给她的情书：她很平静地看那些信。实际上却是向他无声抗议，他曾经对她这么好，他曾经给过她一页一页的深情，但是今天他忘了信上的承诺，她故意在他面前看信，是哀悼逝去的感情，她爱回忆里的他更多。

他爱着的，何尝不是回忆里的她？

在那美丽的回忆里，他头上是有耀目光环的，她脖子上也有美丽的花环。年深日久，彼此对自己深深爱着的人，有愈来愈多的期望和紧箍咒，在一次又一次的失望中，大家只能回到久远的回忆里，用回忆来支撑一段日渐苍白和荒凉的爱情。

回忆和现实的距离，增加了回忆的风韵，回忆里的情人，总比现实美好，于是我们可以原谅他今天所做的种种，我们留恋的是回忆里的人，即使那个人已经改变了，回忆原来是爱情的止痛药。

■ 赏析

什么东西能够永远支撑起爱的天空？

当我们从爱河旁轻轻淌过，那晶莹如玉的水滴，那湍湍而动的暗流，那飞溅的炫目的银线，那轻曼舒展的涟漪，无一不表露着爱的激情爱的誓言。可现实中的我们，"年深日久"以后，为什么要在"期望"中"失望"，为什么要让爱情的梦园变得如此"苍白和荒凉"呢？又为什么要靠那一点点的"回忆"去抚平自己受伤的心灵呢？

与其回忆终生，倒不如重新找回昔日的自己！

永远的关系

>> （香港）张小娴

从前所相信的永远，是永远炽热地爱一个人。后来的永远，也许是从炽热走到平淡。因为平淡，才可以更长久。

假如有人对你说，我永远爱你，你是否会相信呢？

我想不到有什么不相信的理由。

无论将来变成怎样，那一刻，我们会愿意相信这个承诺。

是否相信有永远的爱，那又是另一回事。

有人问，那你是否相信有永远的爱？

我相信的。然而，永远的爱，也是会变的。

你也许永远爱一个人，或永远被一个人所爱。但是，爱的成分会在年月中改变。

爱不是只有一样。当你成长，当你经历愈来愈多的事情，你对爱的体会也会不一样了。

从前所相信的永远，是永远炽热地爱一个人。后来的永远，也许是从炽热走到平淡。因为平淡，才可以更长久。然后，所谓永远，有一天又会变成互相依存。

我们曾经坚持把爱和喜欢分开。爱是比喜欢美丽许多的。终有一天，我们开始相信，不必把喜欢和爱分开。

喜欢也是一种爱。

正如，永远的依存，也是永远的爱。

我希望我能够相信一个人永远爱我。可是，我们都知道，那只是过于浪漫的想法。永远的关系，反而更有可能。

■ 赏析

在纷繁变幻的世界里，所有的一切，都会随着时间的变化而变化。爱也不例外。"从炽热到平淡"，对"爱"的感悟中也会日臻趋向成熟，直至达到"互相依存"的境地，"爱"的概念中也便随之升华为"永远的关系"。相比之下，这种形式的对爱的表达，总比那缠绵浪漫的虚幻境界要好得多了。

其实，说白了，爱就是一种喜欢。

说深了，平平淡淡才是真嘛。

相貌问题

>> 雷 雨

在你的悲哀中你有偕行者了，你的悲哀将变得漫柔；在你的苦难中你有偕行者了，你的苦难就更为坚实了。

公司新来一位女大学生，就坐在他对面。

女大学生年轻又漂亮，每天上班，都让他赏心悦目。

一日公司开大会。会议室是长方形的，围成圈坐，女大学生恰好又坐在他的对面，只是他与她坐在长方形的两端，距离倏然拉远。

会议冗长而沉闷。她与他都作聆听、沉思、冥想状。此外，他不由自主地一眼一眼地去打量她。

他忽然发现她不如平日所见的漂亮，而且，口鼻歪斜。揉眼再看，仍歪。

他吃惊地想，与她面对面坐了将近一年，怎么从来未察觉。

想平日，她要么低头工作，要么抬头说笑，抬头说笑时很生动，低头工作时很恬静，总之，都挺美。脸对脸的发呆，倒真的从未有过。

惴惴一夜。翌日上班，偷窥一眼，发现她美丽端正如前，心中石头方落地。

后来他娶她为妻。再后来的某一天，他忽然发现她口鼻歪斜，再看，仍歪斜。他心中苦笑，知道婚姻进入了冗长的而沉闷的阶段。

■ 赏析

是距离构筑了彼此之间的美丽，是"她"内在的生命的激情渲染了"她"的美丽。

贴近生活的每一个细节，你就会倏然发现：美无处不在。她"抬头说笑时"的"生动"，她"低头工作时"的"恬静"，都透射出美的真正内涵。但美并非是永恒的，一旦你拉大了两颗心的距离，一旦你无法把握美、珍惜美，美就会变得"口鼻歪斜"，以至于走向她的反面，折磨你，损伤你，使你"进入了冗长的而沉闷的阶段"。

爱是什么

>> （香港）张小娴

我从来都喜欢真实，那种让我动容的真实。我愿意承担其中的责任，愿意一心一意。

有一份征婚广告，每次读到它都会怦然心动！

这是刻在英国马歇丘雷斯郊外一块墓碑上的征婚广告："纪念约翰·费德斯顿，死于 1808 年 8 月 10 日，他很为他的遗妻悲伤，极希望有情人去安慰她，她很年轻，芳龄 36 岁，并具有一切好妻子的美德。她的住址是本地教堂街 4 号。"

天！死者居然在为生者征婚，这——难道不是一个最伟大的奇迹！

是的，费德斯顿先生已经永远睡着了，但他的爱却穿透了长夜，熊熊不息地燃烧着！

谁说爱的定义难下？

费德斯顿先生的广告就是一个绝美的答案！

赏　析

世间有自私的爱，伟大的爱。而费德斯顿先生的爱就属于后者。

费德斯顿先生的可贵之处是：拥有爱，珍惜爱，并勇敢地为自己所爱的人重新构筑新的爱。

爱是永恒的。尽管费先生"已经永远地睡着了"，他贮藏于他内心深处的"爱火"却一直"熊熊不息地燃烧着"，这是人间博大之爱，无私之爱！

把自己的爱永远建立在别人的幸福之上，这才是"爱"真正的诠释。

让我为你讲个故事

>> 郭 葭

叶落了，花枯了，明年还可以再生、再艳。而要逝去的，能不能再拉住她的手说："请留下来！"

有一个名叫韦格的奥地利女孩，天生丽质，聪慧可人。她在一所大学专修油画，她的男友为她筹备个人画展。当出现经济危机时，男友鼓励她参加世界小姐选美，因为初赛的奖金高达 5000 美元。她去了，而且一路选到了拉斯维加斯。她成了 1987 年度的世界小姐。

韦格想开画展，可她已经不需要画展了；韦格想和男友浪漫缠绵，可她也不缺少浪漫了。身为世界小姐，一下子站在了荣耀和财富的顶端。

当她的事业如日中天之时，她患上了一种名叫克里曼特的综合症。这种病症的最大危机在于，双眼视力逐渐衰退，直至失明。韦格几乎是绝望地陷入黑暗之中了。消息传出，一位名叫帕迪的南非小男孩给她寄来了一包土，说他们那里的人用此治病。韦格不相信那包土，怀着姑且一试的想法用了，奇迹却发生了，她康复了。

韦格后来嫁给一个美国富翁。

她先后嫁了 6 次，可是没有一个男人令她倾心。她自杀了。

对于这个故事，一百个人可能会有一百种说法，可我要告诉你的是：你可以用自己不喜欢的方式赚到财富，也可以用自己不相信的药治好病，但你无法从自己不爱的人身上获得幸福。

赏 析

对于这个故事，不妨再构思几种说法：

1. 韦格于富足之中逐渐丧失了自己精神的财富，她空虚得近乎疯狂，所以她自杀了；

2. 韦格陷入对昔日男友的追忆，那是一段苦难且浪漫的追忆，但追忆终归是追忆，她不可能再重新拥有，所以她绝望了，自杀了；

3. 韦格失去了自己的艺术，而艺术是她的第一生命，既然自己亲手葬送了第一生命，还何必在乎自己的肉体呢？所以她自杀了；

4. 韦格又得了一种怪症，这怪症始终纠缠着她的肉体和灵魂，所以她自杀了；

……   ……

思　念

>> 韩淑芳

在与他第二次见面的地方，我独自坐了一下午，为他，为所有有生的日子里找不到欢乐的人悲哀！自从那午后，每年的秋天都特别的凉！

望着你渐渐离去的背影，泪水模糊了我的双眼。有情让我们相遇，无缘又让我再次孤单。只要有一丝希望，就决不轻意放弃。这是你教我的信念。如今我已将它牢牢的记在心里，而你却越走越远。

轻轻将心灵的思念之灯点燃，想要重新呼唤你回到我的身边，然而天边只有海鸥飞舞，却望不见你那袭归航的帆。

我想撕下白云的信笺，在上面写满爱的誓言。贴上我的思念邮票，让风儿当一个温柔的邮递员，我要悄悄的告诉你，我对你依然是痴心一片。

我想在星星上刻下你的名字，让我每夜抬头都能望见。星星顽皮地眨着眼睛，恰似你那天真无邪的笑脸。

怎奈云儿太轻，载不动我对你的情意；星星太露，无法珍藏那份爱的思念。既然无法表达，那就把它放在心里吧。也许，思念只有放在心里，才能会被珍藏到永远，永远……

赏　析

你义无反顾的走出"我"的视野，不复理会"我"热切的呼唤。从此，日日夜夜中，"我"都在编织着思念之环，渴望"我"的爱能被你听见，让我走回你温柔的心田。

你说过的话还回荡在耳畔，却再也看不到你"天真无邪的笑脸"。风清云淡的日子，"我"痴痴地守着你的归雁。月瘦星繁的夜里，我思念的心绪越飘越远……

"我"将把爱永驻心间，永远的把你思念……

■ 爱情是风景

>> 寒　山

人们在一场又一场爱情故事里漂泊，却不知哪一场才是结局，即便每一场爱情你都倾你所有、竭尽全力。每次付出都渴望能够收获一份终生的承诺，却不知这样的承诺已随着黯然的现实随风飘逝。

时间能让一切淡忘，甚至是海枯石烂的情感。

人们在一场又一场爱情故事里漂泊，却不知哪一场才是结局，即便每一场爱情你都倾你所有、竭尽全力。每次付出都渴望能够收获一份终生的承诺，却不知这样的承诺已随着黯然的现实随风飘逝。

浪漫的爱转眼成往事、成虚空、成梦幻，仿佛只留下喟叹留下伤痛在心中。但，只要曾经爱过，曾经付出过，就不曾辜负自己的情意和心灵。即便不再拥有，也不用守在遗憾的牢笼中叹息。

爱已去，人已去，就让彼此回到陌生，如果不能承受那份离别的痛楚。相识是缘，分别是情，既然不能相守，不如回到从前。

人生的道路在不断地延伸，甚至你根本不知道它的方向；相爱的人再忠贞，也不能保证一生的承诺，因为他并不知道他的人生将何去何从。

爱情是人生道路上的风景，你只能细细地观赏，却不能幻想天长地久地拥有。

■ 赏析

既然曾经拥有，又黯然神伤。

深陷于爱的漩涡之中，苦苦追忆那昔日的"承诺"，让一颗"忠贞"的心始终流浪，这是不是一种感情的流失和浪费呢？

"即便不再拥有，也不用在遗憾的牢笼中叹息"，勇敢地迈出一步，等待你的将又是一个艳阳天，又是一道新的"风景"。

既然"爱情是风景"，那么，为什么我们不能跳出这道"风景"呢？

梅雨季节

孤独的能力

>> 刘　墉

> 这座庞大城市里的人们，像蚂蚁那样忙着聚拢成群，以便寻找对话者的慰藉，摆脱内心的寂寞，企图从别人身上照见自己。

我时常为我的家居住在 P 城这一座缺乏封闭感的城市而恐慌。

宽展幽长的街道并没有把分散的人群拉开隔离，使之拥有相当的空间和心理距离，现代的交通工具把遥远的路途缩短得如电话线一样快，转瞬之间，一位渴望说话的不速之客就逼临你的门前；那些蜘蛛网络似的电话线，则把更为遥远的这个世界的喧嚣嘈杂，不由分说地强加给你的无辜的耳朵；邮递员是绿色的风，把所有亦真亦假的远方都吹拂到你的眼前，你成为别人的故事一如别人成为你的故事；各种各样的信息像原子弹一样不断爆炸，随时侵扰着你关紧的房门；楼群鳞次栉比，接踵摩肩，一扇扇窗子就如同无数双眼睛对视或斜视，相互探询，墙壁薄如蝉翼……你的呼吸、你的默想、你的自语，都成为众人皆知的呼喊……

我的恐慌正是来自这里。

这座城市，由于喧哗嘈杂而日益空洞，它不断地把自己的手臂伸向四面八方的近郊农村，把松软的泛着黧黑的麦田和菜圃，涂成坚硬的柏油马路，使之变成自己的街道。我们再难从这座城市的身旁看到乡间的农舍风光，闻到餐桌上的食物在它的出生地泥土里所散发的幽幽的嫩香。我们只能躲在自己住宅的阳台上，象征性地"发展农业"，以便能够亲身感受一下农家的气息。这座城市正在由于日益的膨胀而愚蠢麻木。

与此同时，这座庞大城市里的人们，像蚂蚁那样忙着聚拢成群，以便寻找对话者的慰藉，摆脱内心的寂寞，企图从别人身上照见自己。人们正在一天天地丧失孤独的能力，承担自己的个体的力量正在随着聚拢的群体的增大而削弱。无法把握和支持自己的人群，正如同这座失去了城垣的城市。

奥多·马尔夸德曾提到，成年是交往的能力，这只说出了一半真理，因为至少适用的是，成年就是孤独的能力。由此而想，这座城市正在变成一座思想的幼儿园。

■ 赏 析

谁还能得到了那片刻的宁静与"孤独"？

这座大大咧咧的城市，正以貌似强大的态势扩张着，它驱散了所有的庄稼和农舍，它还驱散了那些完整的独立的思想，它以它的娇艳美丽扼杀着那些个体的真实的美丽。看呵，它"正在变成一座思想的幼儿园"。

真想逃脱城市的羁绊，把忧闷的心境敞开在澄明的原野之上，真想让原野的绿风不断增补"我"孤独的能力。

然而，原野在哪儿呢？

我的矛盾

>> 邹　滇

嫩芽偏要倔强地吐绿、生根，要长出自己的风采，偏要保持着清醒。

我有我的矛盾，我本身就是矛盾。

头昏昏的，眼湿湿的，害怕恐惧的分数恶魔般地来了，张牙舞爪，狂笑着、嗥叫着、咆哮着，震得我——颤抖着、战栗着。我觉得好大好大的一座山向我压来，我来不及逃，也无处可逃，我就在恐惧和自卑中走完了高中两年。本以为屡战屡败、屡败屡战，神经已麻木，清高和自尊已剥落，已经是个地道的分数的奴隶了，可嫩芽偏要倔强地吐绿、生根，要长出自己的风采，偏要保持着清醒。

同班有位女生，她很用功，我甚至以为照她这种读法，人会垮掉的。照理说，一分耕耘一分收获，可她并没有得到她想要的和应得的。我觉得上苍好不公！为什么呢?!

我常想，现在的读书，是为了什么，是为了自己的理想，还是为了不让别人失望？如果说是为了自己的理想，那又为什么不能专注于自己热衷的。我的性格有点偏激，骨子里有一种与世俗不相容的反叛气。我有自己的评判标准，我有权力用自己的脑子思考。我觉得社会上有许多事莫名其妙又可笑，可一代代人都一丝不苟虔诚地做着。过去大力抨击封建礼教，说那是吃人的礼教，可现在有些新规矩比起吃人来，有过之而无不及。如果鲁迅先生活到今日，看着他和他的战友们死力打击的封建礼教，阴魂不散，且附于另一种更堂皇的躯壳里，"发扬光大"、衍衍不息，我不知道他会说些什么。

学校就像是一方圣土，没有污染、很纯净，可外面的社会却乌烟瘴气，鱼龙混杂，无所不有。书本上说的头头是道，振振有词，掷地有声，可现实却出入极大甚至相悖。书本理论与现实的天上地下，常令我不知如何是好。单纯的学生，进入社会大染缸，能保持高洁的有几个？就是仅有的几个，也大多是不得志的，这才会有"怀才不遇"、"百无一用是书生"的悲叹。大家都是黑的，偏那几个是白的，就显得他们是怪胎，是精神病患者。如此，倒不如把教科书改成如何讨好上司，如何口蜜腹剑，如何耍手腕攻击异己好了，这个倒更实用些。

强壮的蚂蚁想推倒大树，不是有些愚公移山的精神吗，可为什么愚公精神被奉为美德一直沿传至今，并且还要传下去，而小蚂蚁却被冷眼旁观，嘲笑指责？因为愚公有后台，有无穷匮的子孙和一大批支持者，而小蚂蚁只是一个，形单影只的疯子，撞死在那棵树上，也只是飞蛾扑火般的牺牲，不会有人夸一句"执著"，虽然有水滴石穿的毅力，但一只小蚂蚁能奈大树何？还是和其他蚂蚁一样绕道走吧，省力、省劲、省心思，有那撞树的时间，早就可以绕过去了。可你放得下你的清高和倔强吗？

我心中充满着矛盾，想一心一意做个出色的奴隶，又想让自己活得是自己，不想千篇一律地机械化地沿着大家的生活程序走下去，不想让别人的意志代替自己做选择，却只是一只孱弱的蚂蚁。我像是一个电子，绕着世俗这个原子核在固定的轨道上不停地转啊转，转得没了棱角，转得没了灵气。我想逃逸，又逃不了，能量不够，或是时机不成熟。我就在矛盾的夹缝中煎熬着，挣扎着。唉，暂且做个被俘虏的电子吧，但总有一天，我积蓄足了能量，我就要逃逸！

▌ 赏　析

作者把自己高中生活的压抑和快乐一并诉诸笔端，与其说是作文，还不如说是倾诉更恰当。尤为可贵的是，作者并未把目光局限于校园内，对社会的陈规陋习做了毫不留情的批判，显示出作者善于观察生活，思考问题。

文中以现实的不公引发种种不满与慨叹，以矛盾攒结起一个个片断，如写"我"已尽力学习，却始终为分数所困，无法去发展自己的爱好，而后笔锋一转到书本与现实的相悖，是不是我们的教育体制出现了某些方面的偏差？还是我们的社会教育存在着一定的问题？……

到了好好反省一下的时候了！

沿着忧郁行走

>> 肖 苗

你背靠一棵钻天杨站着，树冠上便是久负盛名的秋空，碧蓝、恬静、沉默，没有一丝风云的卷动。

有一种音乐，让我在深夜里把自己看得通体透明。那是张楚的声音，那种浓浓的"人"味几乎逼迫着我在那忧郁而又绝望的呼喊中去思考这个时代，那是一种在太阳下，土地上流着汗水走过的感觉。

在夜晚，而且必须是在夜晚，脑中依稀浮现那些逝去事物的影像，眼前这些简单的浪漫，你才能真正感受到这些忧郁伤感的音符的本质。它仿佛是淡蓝色的，给人一种雨刚洗过天空人走在路上的那种感觉。面对刚刚被淋湿的大地，你的父亲荷锄而出，而你没法像个善良的农民那样，始终是一个旁观者，麦地，太阳，雨水，村庄，你开始承受并思考这一切。你感到心痛和怅惘，一种一无所有两手空空的感觉悄然袭上心头。

张楚说他希望自己更像一个叙事者，和人站在一起，不愿呆在太高太远的地方。他在给我们讲述一些美好的事物，比如粮食，比如爱情，一位小姐，还有远方等等。他感觉到美好的事物终将一去不复返，他在努力牢牢把它们抓住。望着身边汹涌而过的人们，他说"生命像鲜花一样美丽，我们不能让自己枯萎。"

这时耳边正响起《爱情》最后的一串音符，那是张楚在绝望地呼喊"离开！离开！"这种忧郁与绝望似乎与生俱来。这时，我仿佛又看到了他，独坐窗前，掏出火机又点燃一支烟，透过稀薄的烟雾和耳畔的音乐，我仿佛听见了生命的昭示，空气中一股凉意直逼我的内心。真的，活着很不容易，我们却很天真。

▉ 赏析

沿着忧郁行走，在你淡蓝色的音符里感悟人生。逝去的一切重新回到"我"的心中，生活和自己都"通体透明"。

　　沿着忧郁行走，在你绝望的呐喊中思考时代。"简单的浪漫"给了"我"无尽的迷惘，美好的事物牵引着我忙乱的脚步。

　　沿着忧郁行走，把痛苦和伤怀沉淀，让"花一样美丽"的生命放射出灿烂的光彩，让一生美丽……

珍惜现在

>> 阿　红

在虚假中寻求麻醉，在麻醉中浑浑噩噩、不敢清醒地面对生命的有限，宁可用万寿无疆的欢呼来填补内心恐惧的虚空，这是人类的悲哀。

尽管二年前就曾读过海德格尔以死亡为前提的生命哲学，然而朋友关于生命的黑色假定仍然深深地震撼了我。

那是在三年前的深秋，满地落叶如纸钱。我们为一个年轻的灵魂送行。哀乐如潮，物伤其类，巨大的悲哀压得人们沉默。良久，朋友对我说出了如下的话：

假如确知只剩下三年的生命，你将如何安排？假如只剩下一年，你将怎样打算？假如只有三个月呢？

面对这步步紧逼的黑色假定，我愕然。

鲁迅先生曾讲过一个故事，说是某家男孩过满月，宾客满堂，有说这孩子将来要发财的，有说这孩子将来要做官的，自然博得主人的满心欢喜。然而，有一位客人却说：这孩子将来是要死的。他得到了一顿痛打。在虚假中寻求麻醉，在麻醉中浑浑噩噩、不敢清醒地面对生命的有限，宁可用万寿无疆的欢呼来填补内心恐惧的虚空，这是人类的悲哀。

世上所有紧迫中最大的紧迫，是生命的紧迫。数十年弹指一挥间，人人从来处来，人人往去处去，人生是只能游历一次的名山大川，它并不是一张可以无限透支的支票，这种单程效应给人生蒙上了一层悲凉的诗意，同时更激发了人类火热的想象和创造。它的手段是珍惜，它的目的是幸福。这种并非消极的彻悟有利于我们对身外之物的淡泊，有助于我们建设一种更加真实合理的生活。如果我们都能够清醒地认识生命，那么，我们将会活得轻松。我们心头的紧迫将会化为一种幸福的渴望：

珍惜现在。

■ 赏 析

不妨我们大家都来一次"黑色的假定"。

我想，这"假定"兴许会使人幡然醒悟，在人生这趟单程列车上，我们该如何精心设计这仅有的一次行程呢？

于"悲凉"中拥有"幻想"，于"淡泊"中"真实"，于"愕然"中"感悟"和聆听。这样，"紧迫"的心头才会释然，才会拥有创造，拥有幸福。

好好活着，为今天，为明天，为今生今世……

我爱皮菜花

>> 钱 曲

几百朵、上千朵花儿密密挤挤而井然有序地结满枝头，成团成簇，瘦骨铮铮的花梗儿疏密有致，洁白如云的花簇高低错落，宛如一支素净典雅的白珊瑚。

时令已是初冬，静儿从城郊采来一把野花儿，兴冲冲地让我辨识。

"皮菜花。"我一下便认出来了。这是在荒碱地里生长的一种野生植物。春上，它开始萌芽，油亮、肥厚的叶片贴着地面，从菜心向四下一层层铺展开。入夏不久，就会从根部娉娉婷婷地拔出两根、三根细长的梗儿，长到尺余，分出许多枝丫。入秋，就开出一簇簇的白色小花儿。秋冬之季，它虽然也风干了，但梗儿细瘦且坚挺，花儿虽枯而不谢，在诸多经不住严霜而纷披衰萎的野草丛中，它便隐隐有了一种鹤立鸡群的王者性质。

静儿挑拣出几枝，经过整修制作，扎成一束取代了案几上花瓶里那束塑料花。

皮菜花也真有几分不俗，豆般大小的花儿，花瓣薄如蝉翼，几百朵、上千朵花儿密密挤挤而井然有序地结满枝头，成团成簇，瘦骨铮铮的花梗儿疏密有致，洁白如云的花簇高低错落，宛如一支素净典雅的白珊瑚。插一束在案头，别有一番情致。

我喜爱上皮菜花了，并且，还不断赋予这种喜爱以新的内涵。从发现它的形美，到悟出它的神美。

第二年的深秋，比头一年早一些日子，静儿又去野外采回来一束皮菜花。一进门，就嚷说她有了一个重大发现。她把花束凑近我："爸爸，你瞧，你仔细瞧。"

女儿不无神秘地把手里的花束轻轻一拍，从上面星星点飘落下来一些什么。我仔细看那茶几上的飘散物，竟是一朵朵鲜黄的有五个瓣的小花儿。我再察看静儿手中的花束，尚没飘落的黄色小花，就嵌在那所谓的"小白花儿"的怀抱里。不细心观察，是很难发现的。

哦！那些被我们称之为花的，竟是皮菜花的花托，真正的皮菜花是这些小黄花。

不知怎的，当我的视线再落到那束曾被我形神兼爱、赞叹不已的皮菜花上时，却顿觉黯然了。什么非凡的适应性，顽强的生命力，永不凋落的情致，紧密团结的精神，全是人造的。我好像受了那"小白花"的欺骗，不由望之生厌了。

我对静儿说："新的不用换了，去年的那一束，也扔掉！"

"为什么？"静儿不解而不平地盯着我，"它不还是原来的它？它哪一点变了呢？为什么您就不喜欢它了？"

……

是呵！不还是那束皮菜花吗？它作为一种客观存在无一变化，而我何以就不喜欢它了呢？我对它喜欢与厌恶的分野，意在于它是花不是花！哦，我，还有人们，有多少认识仅是从概念出发的呀！

■ 赏 析

世间有多少这样的"花托"欺骗着人类。它们粉饰着自我，掩盖着真正的"花朵"，以获取他人的赏识。这些"是花不是花"的东西，充斥着人们的视线，并以"鹤立鸡群的王者"的姿态，招摇撞骗，赢得"形美"、"神美"的感叹……可恶的骗子！可悲的人类！

你可要擦亮一双慧眼啊！

泥墙上的小花

>> 柳青岛

无论是多么尊贵的花，都是来自泥土，来自那平常又平常、卑贱又卑贱的泥土啊！握住生活的信念，把它变成广大的沃土，在上面，栽植上幸福和欢乐，栽植上爱情和友情。培植出高尚和人格，这样的人生，不是同样会芳香四溢、美而无比么？有时人生只需一捧土。

曾经去过一个远近闻名的贫困山村。四面被大山环绕着，至今没通上电，村里没有人坐过也没见过火车是什么样子，家家户户的房子是用泥土垛成的。

贫穷以至如此，人们的脸上该是哀戚的吧？以前曾目睹过太多被贫穷毁掉的东西，如被贫穷毁掉的幸福，被贫穷毁掉的欢乐，以及爱情，以及友情，以及人格、高尚等等等等。我几乎相信这贫穷是无坚不摧的了。以为这世上真的没有比贫穷更坚硬的东西了。

那天，在那个贫穷的山村里，在一家同样贫穷的泥屋里，我的眼睛被火一样的东西燃着了。那是一片片烂漫地开着的小花，那火红的、嫩黄的、雪白的、粉色的小花，热烈地环绕着低矮的泥屋盛开着，是的，它们被种在同样低矮破旧的院子的泥墙上。

我结结巴巴地问房主人："花是可以这么种的么？"粗布衣衫的主人安祥地回答说："花不这样种又怎样种呢？花本来就是开在泥土中的么。"

是的，在现代人的心目中，以鲜花之尊、之贵、之美、之芬芳，它该被高高地供奉到殿堂上，应握在初恋的少女的手心里，应开在整洁美丽的花园里。它应当是人精心培养呵护的结果。现代人几乎忘了，无论是多么尊贵的花，都是来自泥土，来自那平常又平常、卑贱又卑贱的泥土啊！

然而，若要花朵在贫穷的泥墙上吐露芬芳，除了那平常又平常的泥土外，还要有一种至尊无比的东西做这鲜花的必不可少的养分，那就是屋主人的超越贫穷的信念。一个被贫穷压垮了的人，一个被贫穷的洪水冲刷掉心中的信念的人是没有勇气再去栽植鲜花的。那么信念该是比贫穷坚硬又坚硬的东西吧？

握住生活的信念，把它变成广大的沃土，在上面，栽植上幸福和欢乐，栽植上爱情和友情。培植出高尚和人格，这样的人生，不是同样会芳香四溢、美而无比么？有时人生只需一捧土。

 ## ■ 赏 析

在我们的心里培上"一捧土"，在上面"栽植上幸福和欢乐，栽植上爱情和友情，培植出高尚和人格"，不要把自己困圈在"哀戚"和"报怨"里，不要让"洪水"冲垮自己坚挺的信心，让心灵的小花迎着乍暖的阳光开放，用勇气构筑自己生命的堤坝。

"信念"是比"贫穷坚硬又坚硬的东西"，是信念给生命注入养分，是信念不断催开生命的花蕾……

记住："有时人生只需一捧土"。

放手的爱

>> 吴 今

"放手之爱"的学问，我是经过痛苦之火的锤炼和耐心之水的浸泡才慢慢学会它的。我渐渐懂得，我必须对我所爱的人放手，因为如果我想以抓紧或攒住来控制他、我就会失去我想得到的。

本周与朋友谈天时，我想起今年夏天听到的一个故事："一个好心人看到一只蝴蝶在茧里挣扎着要出来，很想帮忙，就轻轻地把茧上的丝拉开一个口。蝴蝶出来了，扑着翅膀，却不能飞。这位好心人没有懂得只有通过生的挣扎，翅膀才能硬得能飞。这只蝴蝶只能短命地呆在地上，从不知自由的滋味，没有真正生活过。"

我称此为"放手之爱"的学问，我是经过痛苦之火的锤炼和耐心之水的浸泡才慢慢学会它的。我渐渐懂得，我必须对我所爱的人放手，因为如果我想以抓紧或攒住来控制他、我就会失去我想得到的。

如果我自以为知道我所爱的人应该如何，因而设法改变他，我便剥夺了那人一项宝贵的权利——对自己生活、选择和生存方式负责的权利。只要我把自己的意志或需要强加于人或对人运用我的权力，我就破坏了他对自己成长和成熟的充分实现，不管我的动机多么善良，我的占有欲都起限制和破坏作用。我最好意的行为也可能限制和伤害别人，因为保护和过分的担心比语言更雄辩地说："你不能照顾自己；我必须关照你，因为你是我的，我对你负责。"

通过不断学习和实践，现在我能对我所爱的人说："我爱你，珍惜你，尊重你。我相信，如果我不拦你的路，你能够或有能力充分发展你所能成为的人。因为我太爱你，所以我能放手让你与我并肩而行，走在快乐里和痛苦里，我会分担你的眼泪，但我不会要你不哭；我会响应你的需要，关心你，安慰你，但我不会在你能自己走时拖着你不放；我随时准备在你难过和孤独时与你在一起，但我不会不让你体验自己的难过和孤独；我会尽力听懂你的话和意思，但我不会总是同意你说的。有时我会生气，生气时我会尽量让你知道我在生气，以使我们不必为有分歧而彼此过不去。我不可能随时随地都和你在一起听你倾诉，因为我没有时间倾听和关心我自己，在这样的时刻，我一定尽力对你坦诚。"

无论是用语言还是行动，我在等着对我所爱和关心的人们说这些，我称之为放手之爱。

我还不能保证再不用手去碰那茧，但我在越做越好！

赏 析

正因为"我"太爱你，所以"我"才会"放手"让你施展自己。

过分的保护恰恰是一种伤害，它扼杀了"那人一项宝贵的权利——对自己生活、选择和生存方式负责的权利"，扼杀了"那人"适应自然、挑战自然的能力。

"放手的爱"，"让你与我并肩而行"，"我"只会给你安慰和鼓励，但"我"绝不会分担你的眼泪。

为高处的灵魂守望一生

>> 段正山

我只在乎我所做的事情本身的意义。我做了那件事，我就敢用正眼去凝视那高处的灵魂；我做成了那件事，只想偶然低着头让那高处的灵魂凝视我；而如果我做砸了那件事，我既不想扬起头去向高处的灵魂做空洞的辩白，也不想垂着头去与高处的灵魂做虚伪的悔过。我心里明白，我应正视现实，修正航道只管继续往前走。

当我终于把灵魂悬至高处时，我的心便平静下来，眼里便少了焦灼，我只想默默地走。

每当我感到孤独时，我只是遥望那惟有我能读得懂的灵魂图腾，我极虔诚地聆听着那冥冥的无语教诲，我的心怦然而动，似乎突然有所悟。就这样我久久地享受着这种宁静和广阔，渐渐地我觉出了世界上原来有一个位置是属于我的，这个境界令我陶醉和坦然。

于是我便别无它求。

因了那高处的灵魂，我没有把自尊裁剪成漂亮的礼服去热闹的舞会上炫耀而自充体面，也没有把自信拼凑成盔甲去混乱的场合冲撞而争个虚名。

也正是那高处的灵魂，使我的脑袋坚实地长在了自己的脖子上并未随风而动，使我的双手牢固地握住了初衷的旌旗并未随轻浮的时尚而东倒西歪。

高处的灵魂，是我最高的寄托、最大的安慰，也是我最真的省悟。

在高悬的灵魂下，我不敢拿自己的庸俗到圣洁面前显影，也不敢拿自己的浅薄去与高贵对话。

我终于看到了自己的渺小，但也赋予了那渺小的自己以自信；我终于明白了自己的平凡，但也充实了那平凡以品位。

我不再被世俗的诱惑所动。不再奢望奖赏。

我只在乎我所做的事情本身的意义。我做了那件事，我就敢用正眼去凝视那高处的灵魂；我做成了那件事，只想偶然低着头让那高处的灵魂凝视我；而如果我做砸了那件事，我既不想扬起头去向高处的灵魂做空洞的辩白，也不想垂着头去与高处的灵魂做虚伪的悔过。我心里明白，我应正视现实，修正航道只管继续往前走。

假如我真的把自己钟爱的那件事做出了名堂，引出了一时的新闻，或被美化成了人们的口碑，那我更应该拒绝奖赏。我害怕在眼花缭乱的花丛中不知今夕是何年。还是给我一个空白的空间吧，让我独自真切地听听自己的心跳，让我独自清晰地看看自己的面孔，这时我最应该与高处的灵魂做最默契的交流。

我依然是我。生活啊，不要给我奖赏，我只愿为我高处的灵魂守望一生。

■ 赏 析

这是精神的寄托、安慰和内心"最真的省悟"。

"为高处的灵魂守望一生"，"我终于看到了自己的渺小"，把庸俗的身子扳倒，重新找到属于自己的方位。不断审视自己的脚印，不要让浅薄和浮躁占领自己。

"为高处的灵魂守望一生"——为心灵中最洁净最朴实的部分，有了这种对视与交流，我才会"不再被世俗的诱惑所动"，"只在乎我所做的事情本身的意义"。

那目光改变了我的一生

>> 言 声

我在这个蜕变的季节里梦游着，来到你身旁，却惊诧于你的苍翠和郁然。

当我初次高考落榜后，我的脾气变得越来越烦躁，经常惹爸妈生气，姐弟也对我敬而远之。于是爸妈说"去补习吧"，可我却羞于见到高中的老师。爸妈又说不然先去上班吧，总比在家闷着好，我想那时我只有这条路可走了。

那是一个街办小厂，位置不太好，而且刚刚建立，甚至未见雏形，一切都未进入正轨。厂房里堆满了新进的设备，院子里也尽是些红砖各种材料，总之一切都是乱糟糟的。然而这里有和我同龄的男孩、女孩，他们也都刚刚毕业。也许是由于学校环境的不同，他们根本就没有奢望过读大学，所以在他们脸上也根本看不到有任何沮丧的神情，而且对我这个重点高中毕业的男孩给予了更多的照顾。他们的愉快，热情影响了我，毕竟我那时只有18岁，快乐是属于我们所有人的。我又恢复了往日的欢乐，我甚至满足了，我以为我就这样平淡地生活下去了。直到有一天，她来了。

我和她是高中的同学。那时我们甚至有过一个7人小集团，我们彼此都很要好，常出去野游、看电影。高考结束后我们还一同跑到大连看海。而她对我好像更加关心。也许是接触的增加，我们都朦朦胧胧地感觉到了些什么，是否有爱现在说不清了，但我们彼此都喜欢，甚至心有灵犀。当我为落榜而难过时，她已经坐进大学课堂里。

她来了，当时我正在厂里与同伴说笑，她就那么走了进来。我感到了惊喜。她环顾一下院子，又看到我周围的人。我离她那么近，我已读出那眼中的不屑，也许她是不经意的，但这已被我捕捉到了。然后她转向我。我听到了她说的第一句话。

"就这种地方？"

接下来的话我忘记了。她应该知道那时她的话会对我多么重要，我会怎样重视她的感受，然而她就那么随意地说了一句令我伤心的话。她对我周围的不屑是否也包含对我的不屑？我不知该再如何面对她。

接下来的一段日子，我总是记起她那不屑的目光和那句话，刚刚挣扎出的快乐瞬间又被泯灭了，即使在接过第一次工资时也早已没有了原来的预想的那份欣喜。她刺伤了我。终于我想自己是该回到学校去的。我结束了我的一个月的工作。

我度过了一年没有阳光没有笑语的日子，尽管每周她都从学校赶回来看我，她给我写信、安慰我、鼓励我，甚至不忘记我的生日。我始终感激她，她为我做了很多，可是她那不屑的神情我却总也挥不去，于是我们疏远了。直到接到大学录取通知书的那一刻，我才感觉到了轻松。我对自己说："我与她是平等的。"

现在，当我漫步大学校园时，我常想对于她那时的不屑我该怎样看呢？它确实伤害了我。可是没有她那次到来，我也许永远见不到她的不屑，我也不会有那样深刻的体验，是的我也就不会离开那里，我与大学生活也许从此就无缘了。

那不屑的目光确实改变了我的一段人生道路。

■ 赏 析

"对她那时的不屑"我们该怎么看呢？

当你在失意中颓废，在麻木中自我满足、自我消沉的时候，多么渴望看到别人"不屑"的目光、听到那种"不屑"的声音啊，它是一种力量——当头棒喝的力量，催你猛醒，催你重新上路，找回遗失已久的自己，找回那点儿勇气，那点属于自己的坚强！

所以说，"她那时的不屑"实质上是一种关爱，一种救助灵魂的力量，"我"该不该珍惜这种"不屑"呢？

海哭的声音

>> 郑　燕

他走了，投进了海的怀抱，"在温柔的海浪中消失了"。他最终走向了爱，追随着爱的影子，义无反顾地置身于那爱意浓浓的温柔的海浪之中。

"海的存在是自然的"，生命的存在也是永恒的。因为，爱是永恒的。

"小女孩生命中最重要最神圣的东西"不仅仅是"那只鞋子"，更是父亲博大而无私的爱呵！

"听，海哭的声音"……

"听，海哭的声音……"断断续续飘来的歌声在这样一个空灵的夜里凄美得犹如一曲千古绝唱。有几分寒意从心底流出，我裹紧了外衣，秋已经深了。一直有海风拂过脸颊，也吹乱了额发。于是那歌声也变得飘忽不定。"你相信海会哭吗？"箫儿问我，语气中有种掩饰不住的忧伤。我有些茫然地摇了摇头。"你说呢？"好久，她才幽幽地吐出一个字"会"，坚定得不容置疑。于是，在大海隐隐约约的叹息声中，箫儿讲述了这样一个故事：

在靠海的一个小村庄里，住着一对夫妇，及其一个漂亮的小女儿。他们经常带着女儿在沙滩上散步。海已成了他们甜蜜生活中不可或缺的一部分。也是一个起风的秋日，他们悠闲地拉着手，吹着微风，一边看着他们的小女儿穿着一双别致的凉鞋在沙滩上快活地跑来跑去。天很蓝，空气中透着海的气味，一切都宁静祥和。这时，女儿走过来，咿咿呀呀地向妈妈抱怨脚上少了一只凉鞋。妈妈看了看她的光脚丫，笑了。那只鞋她在沙滩上跑丢了，这时已被海水冲出了好远。那双小鞋是她的生日礼物。爸爸也笑了笑，就卷起裤管向海中走去。妻子只说了一句"小心"。她的目光甚至没有追随着他，更没有想到阻止他。对他们来说，海的存在是那么自然。一个浪打来，鞋子漂得更远了，年轻人的身影也越来越远。最后竟在温柔的海浪中消失了。妻子的视野变得一片茫然。她急了，大声呼喊着他的名字，没有回音。她立刻懵了。待村里的人七手八脚地把他拖上岸时，他却再也听不到妻子的声音了，手里还紧紧地握着那只小鞋子……年轻的妻子跪在他身边，凄惨地哭着，小女孩也哭了，乡亲们也哭了。海也哭了，它可能发觉游戏做得太过分了！从那以后，那只鞋子成了小女孩生命中最重要最神圣的东西。

我听得入了迷，竟觉得海真的在哭，呜呜咽咽的。转过头，才发现身边的箫儿在动情地抽泣着，我诧异地说："难道……"她抬起红红的双眼，向我缓缓地点了点头。刹那间，一种感觉让我几乎窒息。我紧紧地握着她的手，把眼睛投向了远处的海。

那故事或许已在日复一日的漩涡中沉淀得很深很深，而在故事的主人公心中，却永远是波涛汹涌的大海，每当潮起潮落，便会呜咽不已……

■ 赏 析

靠海的村庄，你可还记得，那个"起风的秋日"？温柔的海浪？你可还记得，那只"别致的凉鞋"？

也许"那故事已在日复一日的漩涡中沉淀得很深很深"，然而，在空灵的秋夜里，凄美的歌声却永不会断绝。一个女人和一个女孩心中的海，永远都在呜呜咽咽。

请你用心去聆听海的哭声——潮起潮落，是海高一声低一声的哭泣；涛音阵阵，是海隐隐约约的叹息。

良知的嘉许（外一篇）

>> 魏剑美

我们看到的只是脸谱，而不是颜面；只是眉须，而不是真心；只是熟人，而不是朋友；只是表演，而不是生活。

一次从朋友家出来时已是深夜 11 点了，两个面容憔悴、衣衫褴褛的女人拦住了我，她们手里牵着一个三四岁的孩子。

"先生，可怜可怜吧，我们两天没吃饭了。"她们用一种近乎胆怯的声音向我哀求。

我犹豫了。我的口袋里也只有一张五元钞票。

"求你给孩子买口吃的吧，我们两个大人还能挺一挺。"她们的眼睛一直躲着我，只有那个孩子仰着又瘦又脏的小脸看着我。我没法再迟疑下去，掏出了仅有的那张钞票，还把她们引到了一家在午夜里营业的大排档前。

我徒步走了五公里，回到了住处。室友在为我的迟归而担心。他听我说明了原由。差点跳起来"你真傻，你没好好问问她们？现在专业的假乞丐多的是！"

我无以回答。我知道我不会忍心去盘问那个满眼乞求的孩子。

因为我相信，宁可上当一千次，也比拒绝了一次真正的善举更有理由获得良知和道德的嘉许。

你只需要一张脸上帝本来只给了我们一张脸，可更多的时候，我们常常要自己再设计若干张。因此，我们的视觉空间里总是充斥了太多的矫饰与虚情。于是，我们看到的只是脸谱，而不是颜面；只是眉须，而不是真心；只是熟人，而不是朋友；只是表演，而不是生活。

我的一位朋友大学毕业后一直在中学教书，虽然他干得很不错，但他一直跃跃欲试想另谋它业，只因为教师这名份有时候让他在人前抬不起头来。

我问他：你会搞商品推销广告策划电脑操作酒店管理吗？

他茫然地摇头。

我又问他：那么你喜欢在机关迎送在公司斡旋在商海弄潮在报界奔忙吗？

他再次摇头，说：其实，我还是挺喜欢当老师的。

我笑了：你正在做着自己喜欢的事，你还有什么不安的呢？

超脱不是一件轻而易举的事情，可生活正是一场戏，你是一个演员，演的是你自己，不需要化装，不需要准备，不需要体验，也不需要背景，甚至连台词都显得多余。你只需要按你的天性与本真，按你自己的生活逻辑与情感志趣去做。

那样，你就会感觉自在与轻松，你就能听到自己灵魂的歌声。

■ 赏 析

你不能因为世上有诸多的诡计、陷恶、欺骗，就不相信一张孩子的脸。

你不能因为周围有那么多叵测、势利、漠然，就换掉自己的脸。

你就是你，一撇一捺，顶天立地，遒劲有力，你是最生动最真实最血液的大写的"人"！

做自己的，只要问心无愧；做自己的，只要对得起自己，把人格的尊严高高竖起，把卑微的念头统统击毙！

你就是你，站直了，别趴下！

遥 望

>> 肖 苗

遥望自憧憬开始，阳光腹地上的孩子，再次靠近希望的时光。

遥望自憧憬开始，阳光腹地上的孩子，再次靠近希望的时光。

一条被命运领着走的水流，它真的无法改变它的道路？你比刚吐绿的浅草还年轻，充沛的阳光照耀并温暖着你。一阵滂沱的大雨已洗尽你眼角的尘埃。困守的土坡上，你不再是蒙昧的子孙。

牛鞭扬起，牛哞声声。转过山弯，远处有夕阳般美丽的向往。那牛悠悠地晃着尾巴，咀嚼青草。"伢子，回来罗！"黄昏的村口，父亲在呼唤着乡村的希望。

油灯微薄的光芒，夜夜俯照瘦弱的身影。灯芯破裂，天光折回，一层又一层黯淡，模糊之眼。比书包更大的欢乐是什么。你不晓得，一束野花，半卷残籍，永远抵过一切。祖母坐过的竹椅，爷爷用过的水烟锅，乡村惨淡的阳光一次次深入你的心，击起的波澜映照梦中的幻景。

而现在，你就这样坐在山坡，泪流满面，遥望……同桌的几何论证，晨读的琅琅书声。就这样远离课堂守护着羊群在阳光下习惯惆怅。你的牛羊很温驯，不动声色地埋着头啃吃蓬勃的绿意。你说："卖了他们，我又去读书。"

可事情有这么简单吗？

■ 赏 析

你静静地坐在山坡上，遥望着学校的方向。你知道那里有"琅琅书声"，你无法抑制自己热切的期望，所以总是不自觉的迷惘惆怅。

你默默地坐在油灯下，品着"半卷残籍"的幽香。你找不到比读书更大的快乐，你执著地追寻着"梦中的幻景"，所以才忘却了"乡村惨淡的阳光"。

你憧憬更明丽的风光，你向往更迷邈的海洋。然而，你只是"一条被命运领着走的水流"，也许并不能改变前行的方向……

■校 花

>> 李 云

上官清水这朵花苦苦涩涩地开。她生命的芳香远距离地飘扬，把所有爱花的人都拒之篱笆墙外。

上官清水是我们师范学校的校花儿。连老师也私下议论："将来她要是往讲坛上一站，学生是看黑板呢，还是看老师的脸蛋身段呢？"

她是从十一朵班花里脱颖而出，成为校花的。

据情报：几百名男生经过初议复议终审一整套程序，慎重地确立了她的校花地位。而且意见惊人的统一。

开始，男生给女生打分，主要看外貌，脸胸腰腿几大项，还要看细节：比如手指的长度，肌肤的新鲜度等等；后来看性格脾气的温柔度、言谈举止的恰当度；再后来看气质修养和风度。总之，男生的审美是越来越全面科学。

上官清水成为校花，不仅是她的单一指标合格，综合指标过关，更微妙的一点是：她给人的感觉不一般。究竟怎么不一般，谁也说不清。有人就打了个比方，说上官还是一个花骨朵，带着一丝半丝的青绿和浅露，蓄势待发，使人不得不集中情绪去守望，去研究，看她一瓣一瓣地开，可她今天不开，明天也不开，这就使人天天在她身上花工夫。

如此一说，复杂的东西就简明一些了。

那时，我们都才十五六岁，正在成长的心理很脆弱，承受不住自己那不美的长相和别人那美丽的长相。

女同学结伴出去玩，没有喊上官，好像约定了似的。上官只好巴结地问："你们上哪儿？我可以去吗？""你们听听你们听听，清水是怎么在说话？'我可以去吗'，好像有谁不让她去。""谁不让她去了？""就是，谁敢不让校花去，沾光还来不及哩！"

上官就跟在后面，像接受了别人的施舍，羞羞愧愧的。同学们都尽情地玩、笑、疯，张张扬扬的，只有上官小心翼翼，生怕得罪了谁。

后来，每当女同学们要出去玩的时候，清水总是很忙，她端着盆去洗澡，提着瓶去打水，或者洗衣服或者擦皮鞋。总之，她忙，没空儿。

女同学觉得内疚，想叫她，却开不了口。

这样一来，清水打水，总也有男同学正巧也打水，顺便也就帮她提提瓶；她洗衣，总也有男同学正巧也洗衣，顺便也就帮她拧拧衣。

隔了一段时间，上官那清亮的额头浸透着忧伤。因为有老师找她谈话，目的只有一个：把什么不正常的情况消灭在萌芽之中。

这时的上官看上去静静而凄艳。她对所有的人都显得客气。男同学是真心实意地想和她亲近，女同学也真心实意地表示了忏悔，班主任更是真心实意地帮助她，为她好。

上官清水这朵花苦苦涩涩地开。她生命的芳香远距离地飘扬，把所有爱花的人都拒之篱笆墙外。

毕业晚会上，清水收到每一位同学的照片；每一位同学都在她那一本精致的淡蓝色留言册上留了言，真诚地赞美她祝福她。清水哭了，那泪水的成份分析不得，很复杂的情绪。好多同学陪着她哭了。

梨花一枝春带雨。清水更美了。可她泪痕未干，就去嫁了人。她这样仓促，使人疑心她在跟谁赌气。

据说她嫁的那个人，对花有极高的鉴赏力。但所有的好花在他手里都会失却颜色，直至枯萎、凋零、粉碎。

我们的校花上官清水没有被粉碎。她只是憔悴了。她生孩子的时候，难产。那关键时刻，丈夫却进了公安局。她大出血，孩子死了，她居然活下来了，却憔悴得很。

但愿憔悴只是一个阶段。

但愿校花美艳如初。

■ 赏 析

一朵怒放的花。一朵枯萎的花。

怪谁呢？生活在这个圈子里，可千万不能显山露水，长得出众、妩媚，就很容易招来他人的猜忌、嫉妒、孤立，谁也别想逃脱世俗的眼睛，谁也无法驱动别人的心机。

最好的办法是做一棵小草，默默地，平静地，和草类植物生活在一起，可别"带着一丝半丝的青绿和浅露"，可别成为别人滔滔不绝的讥讽的话题。

瞧我这张贫嘴，瞎扯到哪儿去了。

人生一瞬间

>> 金 月

慎之又慎，慎之又慎！这样才好。因为，人生只有那么几个瞬间，包括你自己；还因为，在你掌握着他人命运的时候，别人也在掌握着你的命运。

我不是宿命论者，一向不大相信"命由天定"之类的话。可是，有了一把年纪之后，蓦然回首，不无惊奇地发现，决定人生命运的不过是几个稍纵即逝的瞬间。倘若这瞬间是从自己手中不经意而溜走，倒也不必怨天尤人，谁让你有眼无珠坐失良机呢？然而，大多时候并非如此，命运在人家手心里攥着，你眼睁睁看着人家漫不经心地那么一抛，就足以改变你的一生了。这实在是一件残酷而残忍的事。

记得读高中时有一位高我两届的学兄，品学兼优几乎没有人怀疑他会考不上重点大学，可他却意外地落榜了，连个一般院校也没考上。老师和同学们都很惋惜，甚至认为一定是评卷或录取的某个环节出了纰漏，可那时是不允许去招生办查找考分的。后来，学校就留他代课，教高一的化学，教学效果极佳。谁知半年以后他竟疯了，住进了精神病院——原来是主管教学的副校长和教导主任考虑学校缺化学教员，就把他的北师大录取通知书给扣下，毁了他的一生。我现在也无法揣度，当看到他疯疯癫癫不成人形时，那位副校长和教导主任作何感想？

和他比起来，我算是幸运多了。高考完毕，我回到母校找老师估算各科分数，结果是重点大学把握不大，但一般院校的本科应该不成问题。果然，二十几天后，我在乡下的老家接到一位姓胡的老师的信，说我已被吉林师大（即现在的东北师大）中文系录取，我相信消息极为可靠，因为胡老师本来就是师大的讲师，不知出了什么问题被下放到我们县高中的，他的家还一直住在师大校园里。可是，数日后，当邮递员把录取通知书送到我手上时，怎么也找不到"大学"两个字，细细端详了五六分钟，才看清是"吉林师范专科学校中文科"把我录取了。当时的沮丧可想而知。大约来校报到半个月后，突然得知师大又从落榜生中"捡"了一批考生正式录取了，个中原因很简单：该校某位领导在审查第一批录取名单时，忽然想到一个"纯"字，就下令把家庭出身不好或社会关系复杂的考生统统甩出来，我便一下子从长春市"甩"到吉林市了，速度比现在的高速公路还要快得多。所幸的是吉林师专的老师录取了我，否则我将落榜，回家修理地球了。我永远感激那位把我"捡"到吉林的老师。感激归感激，只是这个"专科"实在贻害不浅，评起职称来一步一个坎儿，动不动就得"破格"，其实，是被打入了"另册"的。我不知当年师大的那位领导，在他离职退休颐养天年时，可曾想到过被他"甩"出去的那批青年人的命运么？

当然，也有阴差阳错捡了便宜的。就说我的一个高中女同学吧，个子很矮，矮到不大适合站讲台当老师；可是，仅因为大夫在填写她的体检表时字迹潦草了些，某师范院校的教务长把"1.39 米"错看成"1.89 米"，就把她当校篮球队员录取了，及至报到后发现她几近侏儒，即也无法退回了。我想，她此生此世忘记任何亲人都可以，惟独不能忘记那位教务长。

其实，瞬间决定他人命运的事例很多，关乎人命的也不乏其例。提及它的目的，无非是给那些掌握他人命运的人提个醒：当你拿起笔毫不犹豫地签下"同意"或"不同意"时，当你举起朱红大印将要劈头盖下去时，或者，当你一言九鼎足可以为他人"盖棺定论"时，你是否想到了责任的重大？是否想到了"差之毫厘，谬之千里"的古训？

慎之又慎，慎之又慎！这样才好。因为，人生只有那么几个瞬间，包括你自己；还因为，在你掌握着他人命运的时候，别人也在掌握着你的命运。

■ 赏 析

试想，在我们各自的人生旅途中，有没有遭此"残酷而残忍的事情"呢？

要知道："在你掌握着他人命运的时候，别人也在掌握着你的命运。"那么，如何行使好自己手中的权柄呢？除了"慎之又慎，慎之又慎"的态度之外，是否还要具备一种高度的责任感和质朴公正的良心呢？

一连串这样的悲剧的发生，给我们的社会提出什么严峻的问题呢？

人生就那么几个瞬间，可别拿着人家的命运随意抛弃！

上代 这代

>> 蒋 震

这一代人没逮过小鱼，没掏过鸟窝，甚至这一代人的概念只是拘囿在那被灰尘遮了一层又一层的太阳和城市里钢筋水泥的高楼大厦。

上一代的人说这一代的人很苦。这一代的人一天要上八九节课，这一代的人为了功课放学连门都不敢出一下，要到夜晚十一二点才能睡觉。上一代的人不知这一代的人是否脑子比他们高级一点，不然这一代人怎能跟随那么多的功课，那么多的考试、那么多的压力？

上一代的人说这一代的人很累。这一代的少年宫、音乐学院此刻门庭若市。望子成龙的家长们在门口苦等——最后终于迎来了一个大花脸、衣服也"焕然一新"的学书法、学国画的孩子，或是手指差点断了、脑袋差点被小蝌蚪撑晕了学钢琴的子女……家长们知道娃儿们苦娃儿们累，可又有什么办法呢？社会已今非昔比了。

上一代的人说这一代的人没有童年。这一代的人仅有一点儿可怜的时间都被打发在电视前，这一代人没逮过小鱼，没掏过鸟窝，甚至这一代人的概念只是拘囿在那被灰尘遮了一层又一层的太阳和城市里钢筋水泥的高楼大厦。即使这一代人到了山里、小河边，也早就遗忘了这叫自然，脑袋里只思考着眼前这一切怎样用词形容构成文章回去好应付老师。

于是，这一代的人小小年纪就戴上了一圈又一圈的眼镜。于是，这一代的人有时也抱怨，抱怨怎么活得这么累；有时也羡慕，羡慕西方学生那么轻松；有时也幻想，幻想有架时空机能去过去未来，反正比现在轻松的时代，那该多好啊！

可是，这一代的学生到了最后，总算开了窍，他们不得不明白也必须明白：抱怨是没用的，你必须在这个时代在你的祖国活下去。与其用时间去抱怨，不如抓紧时间让明天更辉煌。

于是，这一代的学生依旧忙忙碌碌……

■ 赏 析

　　"这一代"人确实比不上"上一代"人。

　　"这一代"人活得很累，他们把时间切成分、切成秒，还怕最终丢失自己。他们不知道欢乐的滋味，他们把自己"拘囿"在这个匆匆忙忙的世界里，他们显得多么缺乏氧气！

　　可"上一代"人还要喋喋不休地责怪"这一代"人，他们把沉重的负荷加在"这一代"人身上，还嫌不够来劲，又压上一座大山……

　　"这一代"人呵，什么时候才能真正找回自己？

人在山旁

>> 徐 丰

更高的山并不在人的身旁，而在人的心里。

弹指间不知又过了多少年。

一天，山前来了两个陌生人。

年长的仰头看看山，问路旁的一块石头：

"石头，这就是世上最高的山吗？"

"大概是的。"石头懒懒地答道。

年长的没再说什么，就开始往上爬。

年轻的对石头笑了笑，问：

"等我回来，你想让我给你带什么？"

石头一愣，看着年轻人，说：

"如果你真的到了山顶，就把那一时刻你最不想要的东西给我，就行了。"

年轻人很奇怪，但也没多问，就跟着年长的往上爬去。

日转星移，不知又过了多久。

年轻人孤独地走下山来。

石头连忙问："你们到山顶了吗？"

"是的。"

"另一个人呢？"

"他，永远不会回来了。"

石头一惊，问：

"为什么？"

"唉，对于一个登山者来说，一生最大的愿望就是战胜世上最高的山峰。但当他的愿望真的实现了，同时，也就没有了人生的目标，这就好比一匹赛马折了腿，活着与死已经没有什么区别了。"

"他……"

"他从山崖上跑下去了。"

"我本来也要一起跳下去，但我猛然想起答应过你，把我在山顶上最不想要的东西给你，看来那就是我的生命。"

"那你就来陪我吧。"

年轻人在路旁搭了个草房，住了下来。

人在山旁，就成仙哩。

日子过得虽然逍遥自在，却如白开水般没有味道。

年轻人总爱默默地对着山，在纸上胡乱抹着。

久而久之，纸上的线条渐渐清晰了，轮廓也明朗了。

后来，年轻人成了一个画家。

绘画界还宣称一颗耀眼的新星正在升起。

接着，年轻人又开始写作。

不久，他就以其文章回归自然的清新隽永而一举成名。

许多年过去了，昔日的年轻人已经成了老人。

当他对着石头回想往事的时候，他突然觉得画画写作和登山其实没什么两样。

最后，他明白了一个道理：

其实，更高的山并不在人的身旁，而在人的心里。

■ 赏 析

人在山旁，山在人心。

人对生命的追求是没有止境的，只有心存高远，人生才会迸发出耀眼的火花，在永无休止的追求之中，你才能获取生命的快慰，获取人生的真谛。

相反，那些作茧自缚，缺乏远大理想和抱负者，其生命的轨迹自然是晦暗的，"活着与死"也就"没有什么区别了"。

永远向"更高"的目标迈进，生命才会永远明丽！

成长，无奈的脚步

>> 王冬鸽

如果世间的一切情感与热情全部消失，那么整个世界是不是就像一个神经系统坏死了的植物人呢？

明天，又是一个明天。想想已经完成的假期作业、整理好的书包，以及明天，心中似乎有一种莫名的轻快，好像大病初愈，精神也抖擞了许多，但这一切又都隐约伴随着一种迷惘的乏力。

从上学开始，我就一直在开学与放假之间辗转奔波。在嗅觉器官尚未麻木的时候，便嗅出了开学的"悲"与放假的"喜"。慢慢地，在"悲"与"喜"之间，我奔波得累了，不再选择，而是像一只乒乓球，给它们任意地打来打去，忽高忽低，时快时慢。再后来，就像现在，我对它们也只剩下麻木地接受了。

我不想说这是因为我长大了，不再顾忌是否能逃离学海，去寻求一时的快乐；我不承认这是因为我的思想，更确切地说是我感知外界的器官的麻痹；我也不敢相信这就是一个人成熟、深沉的表现……

我想知道，这究竟是因为什么？难道这就是成长所应付出的代价——一种人的天性、人的热情与感知的蒸发？那这个代价未免太沉重了。

想象一下，如果世间的一切情感与热情全部消失，那么整个世界是不是就像一个神经系统坏死了的植物人呢？至少，这个只剩下光合作用的地球会变得冰冷无颜。不过那样也好，最起码人们用不着担心两极冰川的消融会使海平面上升，吞噬掉自己那具躯壳了。

■ 赏析

这是一份清醒而迷惘的心灵告白。清醒，是因为她思考；迷惘，是因为她既找不到答案，又不知道结局。文章从细小处入手，进行了深刻的思考，由此可见作者的批判精神与质疑精神。有了这种精神，有了这种思考，无奈也罢，苦恼也罢，她毕竟已经迈出了成长的脚步！

远与近

>> 贾　琼

很多时候应该远远看着的东西你就不要走近，走近了便破坏了那份美好的感觉，走近了便使事物发生了质的变化。

他是一个开大货车的汽车司机。每次在高速公路上驾车行驶时，都会感到百般寂寞。幸好每次走到这个地方时，他都能看到一个小女孩儿拿着手绢向他招手。就在这一瞬间，他感到心情好多了。小女孩儿是那么崇拜他，他有时也会笑着伸出手去和她招手。

有一天，他终于有机会在这个村子旁停一下了，于是他买了一个小玩具来到了这个高速公路旁的小院外。

这时，那个小女孩儿正好走出来，他将那个小玩具递给她，谁知那个小女孩竟睁大了眼惊恐地看着他。小女孩儿的母亲出来一把将女儿拉了回去，还回头看了他几眼，他呆呆地站在了那里。

瞧，生活就是这样，很多时候应该远远看着的东西你就不要走近，走近了便破坏了那份美好的感觉，走近了便使事物发生了质的变化。

什么都要掌握一个度，就如这个司机和那个小女孩儿的距离一样。

赏 析

有一首诗这样说："草色遥看近却无"。这恰恰道出了距离所产生的美。

"这个司机"和"那个女孩"，在距离之间，保持着多么"美好的感觉"，相互欣赏，彼此慰藉，但一旦这个距离被打破，美便"发生了质的变化"。看来，凡事还真要掌握一个"度"，"度"得合适，你就会永远拥有自己的那道风景；"度"得不当，兴许就会残枝败柳，孤寂、难堪……

忍耐的一天

>> 沈媚娜

今天的失败并不意味着整个人生从此便黯淡无光，挫折是一份财富，经历是一份拥有。

忍耐不是一个形容词，忍耐是一个人，一个其貌不扬，但也不算丑陋的女孩。其实她原本姓任，在长达十多年的生活体验后，她觉得自己是个被压抑得太久的人。从小，她和父系亲属住在一块儿，是奶奶抚养她长大的，因此和这儿的人特亲，并且成为了一个很懂规矩的人，在一个比较讲究规矩，模式化的家庭里住久了的孩子，应该说是不难处世的，但事实上并非如此。她的母系亲属方面恰恰是不讲"规矩"的。在那儿，她感到了自己的为难境地，她感到自己不受重视，自己的外来"身份"不被人喜欢。她受不了舅舅对她不冷不热的态度，她只有该笑的时候应付着笑笑，不发声时闭上嘴。自此，没事儿，她再也不去舅舅那儿了。由于上述原因，她自行改了名字，叫忍耐。

闹钟的声音准时在6点响起。忍耐却依依不舍地在被子里摩挲着温暖的床单，用脚踢开那只已发凉的热水袋，两只脚最后一次在被子里磨蹭了几下，然后以突然的速度坐起来，离开那遮盖过自己身心的、留有余温的、使自己最大限度松驰的地方。洗梳完毕，她走进大卧房问侯了父母，然后拿着早点出门了。

走在路上，忍耐习惯性地想问题，那时的她又是自由的了。忍耐其实很叛逆，是的，她内心的反叛情绪很激烈，但无人察觉。她讨厌周围许多人，讨厌他们的世俗，讨厌他们的名利熏心，讨厌他们伪装的表面。甚至对于学校的许多老师也不满，他们好为人师，而却不配为人师表。现在提倡教育改革，但只有风声而不下雨。我们不是缺少老师，而是缺少高素质的老师，老师不是不想把教育搞好，而是他们缺少能力。现在的时代，要让学生真正从心里佩服的老师真的不太多，因为"高素质"的人不愿当老师，而学生也不是从前的那些学生了。忍耐想到了自己的将来，忍耐想当一名老师，当一名能影响一代人并为他们付出一切的老师，当一名伟大的，对教育界有突出贡献的老师……一会儿，她又想到了报纸上的那些新闻。忍耐很同情莱温斯基，就像同情那如猛兽般咬人耳朵的泰森一样。想着想着她已到了学校，手里那块蛋糕早已不知不觉地吃完了。每天，她都会这样想东想西，不管错对，她从不对别人说，因为她有局限——她的年龄。她说出这些不合她身份年龄的话对她而言是一种危险。

上午五堂课除了政治外都是理科。把忍耐弄得晕头转向。最后一堂快上完了，但只见生物老师余兴未退，依然神采飞扬，解释着显性基因和隐性基因。可肚皮早已不听使唤，叽哩咕噜地闹开了。终于打铃了，大伙飞也似地冲出去，像一群被长时间关禁闭的酒色之徒见到了美女一般。

今天吃大排。忍耐拿了饭盒一看，一块不小的大排。正要吃，只见前桌的女同学已转过头来："哇，你的大排好大，看，我的这么小，你的却那么大，这太不公平了……"那女生嘟哝着。忍耐受不了了："我和你换，行了吧！"那女生也不客气，笑嘻嘻的还真换了。忍耐就是这样，她宁可吃小一圈的大排，也不愿吃一顿令自己心烦的午餐。毕竟，她需要平静而排斥浮躁。所以忍耐的大排永远比别人的小一圈。

下午有两节自修课，忍耐早早地做完功课，然后打开笔记写随笔，忍耐的随笔调子很低，很惆怅，很忧郁。她自己也觉得这不太好，也许对身心健康会有影响，但她改不了，只要笔尖一触纸，她的情感就会渗出。她的情感不像潮水，只是缓缓的，淡淡的，如山泉一般静静地流淌。忍耐平日爱看书，她喜欢郁达夫，喜欢陈村，喜欢王朔，喜欢王蒙，更喜欢林黛玉……

最后一堂为校班会，这节课大家进行行为评估，评估手册一下来，忍耐急匆匆地翻看班主任的评定，虽然她不喜欢班主任以及他那没水准的讲话，但她还是急切地想看看那用红钢笔书写的优良中差。当看到"特长"一栏时，只见一个鲜红的"良下"，而忍耐自己评的时候却是很有力地写了个"优"。忍耐认为自己有特长，为什么老师却那么肯定地下结论呢？看看同桌——文艺委员，只见"特长"一栏上优美的一个"优"字。忍耐的心灰了，为什么小时候父母不让自己学钢琴呢？

放学回家，忍耐带着这个"为什么是良下"的问题走呀走……难道写诗，算24点不算特长吗？难道偏要会吹笛、拉小提琴才算特长吗？……

被子，忍耐的归宿，她钻了进去，反复想着那件事。终于想通了：

什么特长不特长，我生在这世界上，独一无二，拥有属于自己的气质，难道这不特别吗？更重要的是，忍耐觉得自己拥有一条属于自己的被子。

 ## 赏 析

拥有一条自己的被子，做完功课后钻进去，舒展一下疲惫的身心，真是舒服极了。于是，披紧被窝，带着对第二天的自信沉沉地睡去。这恐怕是许多孩子曾经拥有的夜晚。

女孩子忍耐的夜晚，就是这么度过的。

作品较为真实地表现了一位自闭女孩的心理状态，情感真切可信。没有父母关爱的寄居生活、应试教育的重大压力，使忍耐变得自负又自卑。她渴望沟通、理解，她很想释放自己，她现在还是很茫然，而打开她心扉之锁的钥匙正在你、我、他手中……

■ 心　事

>> 王晓靓

　　我每次想到时间宝贵，就会想起这件往事，生命里的每一秒都是一只宝贵的鸟，它不断地张开翅膀，飞去，仿佛天上的鸳鸯成行。最悲哀的是，每一只鸟都不属于我，每一只鸟都留不下来。

　　我十八岁了。我不能相信。

　　时间飞得太快。大人们说："十八岁了，是大人了。"我说：不，我不要长大，我害怕长大。我常常想，我可能正生活在一个特别漫长的梦里。有一天，我会忽然醒来，当我睁开眼时，我会发现，我仍然是十岁或六岁。我盼望着这个梦醒来的那一刻——这个幼稚得发傻的想法，也是我不敢相信这是一个十八岁，接受了十一年半的中国现代化教育的跨世纪青年的诸多原因之一。

　　我经常感觉到自己是只猫。一只不会捉老鼠，只会晃着脑袋，在一大堆棉花糖里撒娇的猫。我会趴在妈妈为我铺的柔软、舒适的小床上，眨巴着大眼睛，看着爸爸妈妈为我而忙碌：他们会抢着为我打扫房间，抢着为我送好吃的，抢着给我洗饭碗，抢着准备我出门时要带上的东西……而我只要甜甜地对着他们"喵喵"叫几声或是蹦到他们怀里撒撒娇，就能使他们感到快乐与欣慰。我也曾经试图学着做一些事情。可是，我洗干净的碗他们会重洗，我叠好的被子他们会重叠；我擦好的地板，他们会重擦……在这样幸福的家庭里，我会少担很多心，比如说，我不必担心忘带校徽和菜票——爸爸每晚都会把它们放在餐桌中央；我不必担心没有零食吃——只要我的"大粮库"看上去不那么充实了，妈妈就会及时"补仓"；我不必担心有客来访时，我的小房间会乱得见不得人——爸妈每天都人来擦灰擦地，整理房间……但是，我又会多担很多心，比如说，以后怎么办？离开家后怎么办？我会做什么？我真的已经十八岁了吗？我不能相信。

　　我又经常感觉到自己是只鸟。一只只会在笼子扑腾，却飞不出去鸟。平时，我在学校里叽叽喳喳，扑来腾去，很受同学和老师的欢迎，校、区、市的奖项也并非空白。我是自以为比较成功的。直到去年参加访港代表团，我才发现我是如此失败。面对讲英语犹如说家乡话似的香港学生，我的脑中竟是一片空白，不，应该是一团浆糊。我使劲地在脑中排列着定语、谓语、宾语的出场顺序，可我的舌头像打了结似的，连个"How do you do！"都说不出来。最后我就像个口吃患者，勉强吐出一句："I have learned English for eight years. But I still can't speak it well."事后，我陷入了深深的悲哀之中。八年啊，抗日战争都胜利了，我却仍是个英语哑巴。出一次丑事小，以后怎么办呢？招聘启事上都写着"说流利英语"这一条。读了这十多年的书，可细细想来，我实在不知道若没考上大学，我到了社会上可以做些什么。我实在不知道会解三角和求椭圆、抛物线，对将来谋生有何帮助。我会被社会抛弃像个破球一样被踢开……太可怕了，我不敢再想。我还是愿意待在学校做练习，背单词。在学校人人都爱国，没人会找你说英国话。可是，我已经十八岁了，离社会越来越近。

我不要长大，我害怕。我要永远像小猫一样偎在妈妈怀里吃薯片，我要永远在老师的表扬中做学校里的好学生；我要……不，我错了，不是"我要"，而是"我只能"。除了这些我还能做什么吗？我真的十八岁了吗？我不能相信。

■ 赏析

这是一个十八岁少年的心灵独白。面对社会，面对未来的生活，作者发出了自己的呼喊：快来救救我吧。

但作者并非不是一个乖巧的孩子，她乖巧得如同一只"猫"，在家庭近乎溺爱的氛围中长大，她成了大家重点保护的对象，但她却不知道如何去保护自己，她困惑，她迷失，她一次又一次地追问自己，追问这个社会……

掩卷沉思，像这样一位乖巧得"不愿长大"的孩子，我们的社会，我们的家庭，我们的教育该不该好好地问自己几个"为什么"呢？

■ 人

>> 蔡雨玲

　　人是一个整体，社会也是，只依赖其中一部分是很脆弱的，每个人都常常寄希望于某个人身上，虽然任何人都可以做，可就是没有人去做。

　　有四个年轻的旅行者，分别叫做"每个人"、"某个人"、"任何人"和"没有人"。他们一起，去寻找传说中神奇的仙果。

　　"每个人"心智平平，他希望更加聪明；"某个人"双目失明，希望重见光明；"任何人"有点瘸跛，希望百病全消；"没有人"弱听弱视，他也希望找到仙果。四个人怀着不同的目的，一起出发了。

　　东边路西边路南边路，五里铺七里铺十里铺，他们行一步盼一步更艰难一步。荆棘布道，密林蔽日，猿啼狼啸，虫叮蛇咬，他们没有害怕屈服。春暖花开，夏日烈暑，秋风萧瑟，冬寒刺骨，他们总迈着匆匆的脚步。峰回路转，路转峰回，却依旧山无数水无数艰难无数。长期的劳累奔波使四人面黄肌瘦，骨质嶙峋。

　　十度春秋，历尽磨难，他们才看到了一个小小的渔村。规模不大，但比起他们风餐露宿，朝不保夕的生活，算是衣食无虞。"每个人"犹豫退缩了。"找仙果太辛苦了，靠你们吧！""每个人"耍了个小聪明，"也许任何人可以找到，也许某个人能找到，也可能没有人能找到仙果。""每个人"决定留在渔村，耐心地等待、等待。

　　"任何人"、"某个人"和"没有人"怀着希望又上路了。他们告别了温暖的渔村，迈过荒无人烟的旷野，穿过湿热的丛林，翻过白雪皑皑的雪山，寒风把他们的衣服撕成碎片，恶狼的嚎声使他们辗转难眠；饥饿的鳄鱼在前方的河流中，水蛭贪婪吸食他们的鲜血，一拔下就是一股血柱，他们全身找不出一块像样的皮肤。他们昼夜赶路不愿停下休息，眼中闪着希望的火花。

　　十年，他们才看到了一个绿草茵茵的牧场。夕阳西下，鸡栖于架，牛羊遍野。这比起他们茹毛饮血，饥饱不定的生活，总算是安定有序。"某个人"决定留下来。"找仙果太辛苦了，靠你们吧。""某个人"的眼神黯淡无光，"任何人都可以找到，也不差我某个人，也许没有人找得到。""某个人"决心留在牧场，耐心地等待，等待。

"任何人"和"没有人"背上行囊又上路了。一路上，江河挡道，断桥失修，急湍似箭，猛浪若奔，夹岸高山，皆生寒树，横柯蔽日，险峻无比。"千山鸟飞绝，万径人踪灭"，"任何人"和"没有人"互相搀扶，互相鼓励，艰难地踩着每一步。岁月的刻刀磨去他们年少的轻狂，在他们额头眼角刻下沧桑。"任何人"和"没有人"开始衰老。

又十年，他们来到了一个繁华的城市，城市里车来车往，热闹非凡。毕竟，这是去找仙果的路上最后一个可以遇到人类居住的地方了。是人类生存的极限，也是"任何人"想象能及的极限。"任何人"挽住"没有人"的手，犹犹豫豫，吞吞吐吐。"我们朝也坎坷，岁月蹉跎，身心消磨。怕只怕昔日理想，今日南柯啊！"

"没有人"知道最后一个同伴也放弃了，他轻轻抽回手。"我知道前进对于弱听弱视的人会更艰难，但我可以用心感觉，并将无悔。""没有人"毅然决然地上了路，一根拐杖是他披荆斩棘的工具。"任何人"目送"没有人"悲壮前进，眼底有一点羞愧的泪水。

"没有人"走旷野、穿丛林、爬雪山、泅大河。"没有人"双手厚厚的茧子与岩石嗤嗤地磨擦；"没有人"无数次跌倒，无数次又爬起；"没有人"身上的血痂结了落，落了结；"没有人"一次次挑战极限，死里逃生。他走着，爬着，挣扎着，摸索着，一分钟也没有停止前进。

又过了整整二十年，"没有人"的头发、眉毛、胡子，白得像苍苍雪山，长得像他五十年不停追寻的漫长历程。

终于有一天，"没有人"踏上一块平地，他的手和脸已苍老得失去了知觉，只有一颗心依然顽强跳动，是这儿吗？"没有人"看不明听不清，他只能用心细细地感觉。一滴浑浊的老泪爬过他脸的沟壑，滴落在地上。奇迹发生了！"没有人"似乎感到生命破土而出的萌动。闻到叶的清香，花的浓烈，果的馥郁。他吃力地摘下一枚软果，咬一口，又脆又甜。刚吃完，他清晰地看见果树成行，花红草绿，所有的果子都朝他点头微笑；微风轻拂，他竟听到叶子的欢笑和鸟的歌唱！他在溪边一照，惊奇地发现自己白发复黑，面色红润，神采奕奕，皮肤呈青春的粉红色！"没有人"感激地吻着脚下的土地。"没有人"不贪心，他怀揣三个果子，踏上归途。

其实，前面的那个"每个人"就是我们的大脑，聪明又不免惰性；"某个人"是我们的耳朵，只考虑某个方面，难免有所偏颇；"任何人"

是我们的双眼，现实却流于肤浅且无远见；"没有人"代表坚毅与执著的心灵，哪怕在生命的最后一刻，也不轻言放弃；而仙果则是我们不停追寻的希望。

人是一个整体，社会也是，只依赖其中一部分是很脆弱的，每个人都常常寄希望于某个人身上，虽然任何人都可以做，可就是没有人去做。因此"当没有人去做任何人都可以做的事情时，每个人都抱怨某个人。"

想一想，万事皆然！

■ 赏 析

这是一篇新寓言故事。表面看来传达的仍然是众多寓言和神话作品早就传达过的一个人生哲理，但人物的命名和篇末的揭示，又都带有很强的现代意味，实际上是对现代人的某些人性弱点的揶揄。我最欣赏的还是作者的丰富想象力。你看她对旷野荒原急流险径以及四时晨昏人物行状的描摹，多么鲜明生动，而这又全出于心灵的自由翱翔。

蓝梦季节

最朴素的实事

>> 罗　西

一个打毛衣的女人是美丽的，一个劈柴的男人是好看的，一只正下蛋的母鸡是动人的，一只采蜜的蜂儿是美好的……

美国有一位图书馆馆长，每天早上 8 点，总是亲自为自己的图书馆开门，然后对第一批踏进图书馆大门的读者致意请安，再巡视一番后，才去自己的办公室。

有人告诉他，馆长不必做这些小儿科之事。而他却认真地回答："我来开门，是因为这是我一天做的事里，惟一能对图书馆真正有用的。"

一个打毛衣的女人是美丽的，一个劈柴的男人是好看的，一只正下蛋的母鸡是动人的，一只采蜜的蜂儿是美好的……

每一天过来，忙忙碌碌之余，你是否反思过，你做了哪些实实在在的事不要小看那些小如开门的琐事，它构成我们生活中最细致最亲切的一环。在我们心存高远的时候，不要忽略眼下的每一个细节，正如树枝上的一个小芽，明天它就是一片翠绿。

每一天起码做一件实事，哪怕微不足道，你的这一天就会过得踏实而无憾。

■ 赏 析

人家常说：先学爬，后学走。这话说的在理儿。问题是：一些人不会走就想飞，像孙猴子那样，一个筋头儿十万八千里，多爽啊！

"心存高远"不是坏事，总比那些心怀鬼怪的人强之百倍，但胸怀大志的同时，不要忽略眼下的每一个细节，从一点一滴的"实事"做起，这样才会"过得踏实而无憾"，才会由一个嫩芽变成"一片翠绿"。

要知道，孙猴子毕竟是神话中的大圣，既然咱们成不了大圣，那就脚踏实地，一路走好吧。

■ 感　动

>> 刘　墉

天空从来没有像现在这样蓝过，生活从来没有这样美好过。新鲜的阳光在这个世界上流着……

星期日。百货大楼。熙熙攘攘。

从楼上并排走下三个人。中间是一个很漂亮的男孩子，约莫有八九岁。他左手牵着爸爸，右手牵着妈妈。

爸爸和妈妈是两个盲人。很小心很慢地踩着一阶一阶的楼梯。所有目睹的人立刻停止了脚步，闪开了一条路。喧闹声像绷断了弦的琴。

一步、二步、三步……那男孩的眸子多明亮啊，漆黑漆黑的。他们一边走，一边说着，还有笑在三张脸上流。

渐渐地，远了。三个人的一双眼睛。

而我，两只脚却像生了根，纹丝不动了许久。思绪的羽翼却飞向了辽远。不知过了多长时间，我才像从酣睡中惊醒，身躯抖动了一下，呼吸也震颤了。

三个人一双眼睛。还有笑在脸上流。

我不知为了什么，竟跑下楼，去追赶他们。我想更准确地看清他们的长相。我想望望小男孩的眼睛，摸摸他的头，再捧起他的闪着炽炽光彩的小脸，还想和他的爸爸妈妈握握手。我要寻问他们关于这个世界、关于生活中的很多问题。

三个人一双眼睛。还有笑在脸上流。

我跑到街中央，车流和人流淹没了那三个人。我惘然若失。

我突然觉得天空从来没有像现在这样蓝过，生活从来没有这样美好过。新鲜的阳光在这个世界上流着，正如新鲜的笑在三张脸上流着。

哦，我为什么竟哭了！

■ 赏 析

这是对生活的爱，对炽烈的生命之爱啊！

看看我们的周围，有多少人还在困狭的心境之中挣扎、喘息？有多少人还在默默地承载着苦痛的摧折？有多少人根本看不清生命深层的一缕阳光？有多少人在唾弃、谩骂着这个世界？有多少人……

"三个人一双眼睛，还有笑在脸上流"。

——这多么生动的、真实的画面！是否触动你的血脉、你的神经呢？

三步舞出一个圆

>> 高红干

但人心的烛光闪亮着圆，理想的羽翼追逐着圆，残缺的生命渴望圆，欢乐、幸福、美满、和平，一支所向披靡的军队。

世界是圆的么？

人生是圆的么？

音乐是圆的么？

答案应该是：否。

可怎么在一个叫奥地利的国度的施特劳斯家族那里。

流淌出、飞泄出、拍溅出、轰响出的竟然是圆？三步一个圆，三步一个圆。浑浑然然的圆，一圆百年。

无所不包、无所不在、无所不能的圆。

多瑙河的蓝色是圆的，划破蓝色波涛的航船是圆的，蜿蜒河岸的古堡、农舍、草垛是圆的，令人神往的河流前方是圆的；维也纳森林的绿色是圆的，轻叩林间小路的马蹄声是圆的，赶车人坐车人的梦是圆的，树隙林梢的风鸣鸟唱是圆的；金碧辉煌的皇家是圆的，寻常百姓的岁月是圆的；花圆圆地开，草圆圆地长，太阳圆圆地升起落下，月亮圆圆地圆了又缺；教堂钟声圆圆地敲响又沉寂，婚丧嫁娶的人们圆圆聚拢又散开……

庞杂的世界、繁复的历史、多姿多彩的生命，施氏父子怎么能用小小单纯的圆去解说去阐明？而且漫不经心仅走了三步，就交待了？

这三步同黑格尔庞大的正、反、合哲学体系有关么？

同弗洛伊德本我、自我、超我的心理学体系有关么？

同基督教地狱、人间、天堂的宗教体系有关么？

还是施氏父子嫌那劳什子太繁难、太冰冷、太不近人情，只用三步一个圆就大智若愚大雅若俗地替换了。简简单单七个音，不用翻译不办护照不走海关直抵人心的直通列车。从此，不同国籍、不同信仰、不同肤色的人们都能理解施氏的圆，亲近施氏的圆，乐于跟上那圆快快乐乐地旋舞；于是，圆的鞋跟、圆的裙裾、圆的燕尾服下摆覆盖了圆的球体上广袤的地域。

第一次世界大战过去了。胜将升旗，败兵丢枪。欢庆和平的宴席上有施氏父子的笑；第二次世界大战结束。圆圆的会议桌边会议厅外，多瑙河蓝色的波涛揩洗去战争的硝烟创痛，慰藉滋润成千上成交瘁的身心。

世界当然不是圆的；

人生当然也不是圆的；

但人心的烛光闪亮着圆，理想的羽翼追逐着圆，残缺的生命渴望圆，欢乐、幸福、美满、和平，一支所向披靡的军队。

音乐、音乐家是微不足道的。乐谱纸遮盖不了轰炸机的掷弹，指挥棒也阻止不了放火杀人，但他们有时又是强大的，强大无比。

时间与空间默默，历史与现实竖起耳朵，一起倾听施特劳斯的圆舞曲，饱经沧桑却依然火热，走过百年却依然青春，它带给你新一年的祝福，也邀你下场共同起舞，三步一个圆……

■ 赏 析

作者引我们步入一个新境地，带给我们一个意外的惊喜和发现。"圆"何独有如此魅力：它穿越时间、种族、疆域、政别的藩篱，无处不见它飞扬的音符。作者荡开的文意冥冥中似与万事万物有了默契和沟通。瞬间给人以灵光洞开的启悟："圆"，不正是一种交汇，一种包容，一种合并？抑或悲后而欢的结局，分久而合的归宿，往复循环的递进和希冀梦幻的圆满么？

生活在深处

>> 王　飙

只有当你把这一本本书当成利镐去苦苦地挖掘知识和自己心灵深处那尚未被发现的东西的时候，你才有可能成为一颗种子在精神的世界中获得永恒。

如果你只是为了浪漫而泛舟于空阔的海面，那里虽然有朵朵雪白的浪花、层层曼妙的波澜和那楚楚美丽的蔚蓝，但是，当你想用自己的心灵之网打捞起它们的时候，才发现它们竟然都是能从网眼里漏去的虚幻；只有当你勇敢地跃入到大海的深处，你才能够捞到能代表你生命光荣的硕大的珍珠，你才能够进入一个能展示自己灵魂力量的更广阔的世界。

如果你只是像只笼中的鸟儿一样寄身于苍茫的人海、展翅于狭小的空间，虽然你身无所忧，但灵魂的原野上却将是一片荒凉；只有当你背起行囊，走进大山的深处，你在那里采摘的每朵花都将开放在你的灵魂之原上；你在那里畅饮过的每一条溪流都将奔流在你的灵魂之原上；你在那里攀登过的每一座山峰都耸立在你的灵魂之原上。

如果你只是一棵把根浅浅地扎于地面下的小草，那么，任何一阵干旱都将使你茎枯叶卷，任何一阵狂风都有可能根断花残；但是，如果你是一棵把根牢牢地植于大地深处的大树，那么，干旱挡不住你痛饮大地深处的甘泉，狂风吹来只当是邮差经过带去自己心灵的诗笺片片，骤雨浇下只当是在枝叶间拨动了自己生命的根根琴弦。

如果你每天手里捧着一本本的厚书，从那字里行间寻章摘句、吟诗诵词，只是像个猎奇者或政客一样为了装饰自己的门面，那么，在思想之树上你只能是一片将在岁月中飘落的叶子；只有当你把这一本本书当成利镐去苦苦地挖掘知识和自己心灵深处那尚未被发现的东西的时候，你才有可能成为一颗种子在精神的世界中获得永恒。

如果你像个懒惰的渔夫因害怕出力而把你手中的网只是轻松地撒在河边的浅水处，那么，你从网中拉起的也只能是小鱼小虾；只有当你把网不辞辛苦地撒向江河深处的时候，你才有可能得到你渴望中的收获。

我的朋友，如果你只是像一叶浮萍一样漂在生活的海面上，那么，你只能随波逐流；你只有沉到生活的深处才能感悟到它的真谛！我们的梦想犹如撒在荒凉干渴的土地之上的种子，如果我们不能从这块土地的深处挖出水来浇灌，这种子也永远不能发芽、开花和结果，我们的梦想也永远成不了现实。所以，但丁在他的不朽之作《神曲》中告诉我们：地狱的最深处正是天堂的入口！是的，我们心灵中的渴望就是奋斗者打进理想的地层深处的钻头，只有在那里，我们才能探到让我们终生享受不尽的宝藏。

■ 赏析

用心地去生活，扎扎实实地去生活，只有这样，才能梦想成真，才能享受到生活的乐趣。这就是该文中的主旨——生活在深处。

这是一篇说理散文，作者为说明意旨，想像奇丽，意象纷呈；联想自然，顺理成章。前五段作者假设了 10 种自然和社会现象，大胆虚构，合理想像，每一种都蕴含着生活的哲思。从大海到大山，从小草到大树，从读书到打鱼，思绪飘飞，内容丰富，说理透彻。然后顺势过渡，联想到生活的方式，指出"只有沉到生活的深处才能感悟到它的真谛"，可谓水到渠成，道理显然。

该文对比的手法，优美的语言也是值得肯定与借鉴的地方。

■ 莫忘幸福

>> 凌 志

人们常常只是在幸福的金马车已经驶过去很远，拣起地上的金鬃毛说，原来我见过她，常常提醒自己注意幸福，就像在寒冷的日子里经常看看太阳，心就不知不觉暖洋洋亮光光。

幸福也需要提醒吗？

提醒注意跌倒——提醒注意路滑……提醒受骗上当……提醒荣辱不惊……先哲们提醒了我们一万零一次，却不提醒我们幸福。

也许他们认为幸福不提醒也跑不了的。他们总是站在危崖上，指点我们逃离未来的苦难。

但避去苦难之后的时间是什么？

简言之，幸福就是没有痛苦的时刻。它出现的频率并不像我们想象的那样少。人们常常只是在幸福的金马车已经驶过去很远，拣起地上的金鬃毛说，原来我见过她。

世上有预报台风的，有预报蝗虫的，有预报瘟疫的，有预报地震的。没有人预报幸福。

其实幸福常常是朦胧的，很有节制地向我们喷洒甘霖。

幸福不喜欢喧嚣浮华，常常在黯淡中降临。贫困中相濡以沫的一块糕饼，患难中心心相印的一个眼神，父亲一次粗糙的抚摸，女友一个温馨的字条……这都是千金难买的幸福啊。像一粒粒缀在旧绸上的红宝石，在凄凉中愈发熠熠夺目。

幸福有时会同我们开一个玩笑，乔装打扮而来。机遇、友情、成功、团圆……它们都酷似幸福，但它们并不等同于幸福，幸福会借了它们的衣裙，袅袅婷婷而来，走得近了，揭去帏幔，才发觉它有钢铁般的内核。幸福有时会很短暂，不像苦难似的笼罩天空。如果把人生的苦难和幸福分开置天平两端，苦难体积庞大，幸福可能只是一块小小的矿石，但指针一定要向幸福这一侧倾斜，因为它有生命的黄金。

幸福有梯形的切面，它可以扩大也可以缩小，就看你是否珍惜。

幸福的时候，我们对自己说，请记住这一刻！幸福就会长久地伴随我们。

那我们岂不是拥有了更多的幸福！

所以，丰收的季节，先不要去想可能的灾年。我们还有漫长的冬季来得及考虑这件事。我们要和朋友们跳舞唱歌，渲染喜悦。既然种子已经回报了汗水，我们就有权沉浸幸福。不要管以后的风霜雨雪，让我们先把麦子磨成面粉，烘一个香喷喷的面包。

所以，当我们守候在年迈的父母膝下时，哪怕他们鬓发苍苍，哪怕他们垂垂老矣，你都要有勇气对自己说：我很幸福。因为天地无常，总有一天你会失去他们，会无限追悔此刻的时光。

幸福并不与财富、地位、声望、婚姻同步，它只是你心灵的感觉。

所以，当我们一无所有的时候，我们也能够说，我很幸福。因为我们还有健康的身体。当我们不再享有健康的时候，那些最勇敢的人可以依然微笑着说：我很幸福。因为我还有一颗健康的心。甚至当我们连心都不再存在的时候，那些人类最优秀的分子仍旧可以对宇宙大声说：我很幸福，因为我曾经生活过。

常常提醒自己注意幸福，就像在寒冷的日子里经常看看太阳，心就不知不觉暖洋洋亮光光。

■ 赏 析

珍惜幸福就是要珍惜我们生命的一时、一刻、一百年……

幸福就在我们的身边，你也许不经意它的存在，但它存在着，存在于你的一举止、一投足、一回眸，存在于你的"一块糕饼"，"一个温馨的字条"……

"常常提醒自己注意幸福"，不要错过幸福的快车！紧紧握住生命中的每一个光环，每一枝荆棘，你就会成为幸福的拥有者，成为幸福大亨！

■ 感谢音乐

>> 伟　熙

年轻的心时常会孤独，时常会狂热；时常会落雨，时常会躁动，只要你心中有歌，一切又何妨呢？

有一年暑期，我患了濒临失明边缘的眼疾。在医院里，每天眼睁睁地看着大夫将针头扎到自己的眼球上，想死的念头都有。一天夜里，被眼痛折腾得睡不着觉，就索性戴上耳机打开录音机。已是深夜，远处偶然传来的笛音被我挡在听觉之外，这时，录音机里罗大佑似乎漫不经心地唱着一首歌。歌的名字叫《童年》。

听着听着，我激动地发现，好像所有的诸如悲伤的忧郁的期待的情绪都被溶化在歌声里。在休学的半年时间里，我开始迷上了音乐。并摸索着在吉他上弹出了第一支曲子。虽然纱布蒙着我的双眼，但内心的世界打开了一扇窗户，有明媚的阳光照射进来……感谢音乐，它帮我渡过了最黑暗的日子。一把旧吉他，一条牛仔裤，一双发白的球鞋，在一个下雨天，我重走回了校园。记得当时住在宿舍楼的顶层，由于楼高水不上去，所以水房闲置着。每天下课后，我都会抱着吉他在里面唱上一会儿。水房的护音效果极佳，或高或低，或柔或刚，有时自己被自己的歌声感动得热泪盈眶，不能自已。后来有一次，我参加市里一个文艺晚会的拍摄，晚会上唱的歌儿是我自己写的。从那以后，同学们都自发地认定其为校歌，于是，像流行感冒似的，这首歌沸沸扬扬地在校园里传播开来。

后来，辽宁的小雨、广西的阿俊、新疆的老金，还有我，我们组成了一个名叫"梦中人"的演唱组，风靡校园。当时我们也没往多里想，同学们喜欢，我们高兴，仅此而已。槐花飘香的季节，每天下晚自习后，我们四人坐在"蕙星楼"前的广场上，用歌声演绎自己的情感。小雨的羞怯、阿俊的率直、老金的奔放、我的沙哑，我们发出了最不规则却又最为和谐的声音。我们唱激烈奔放的《拒绝温柔》、《从头再来》。累了的时候，轻柔的和谐便会流出一曲《Moon River》（月亮河）。

此时，偌大的广场上，风吹过人的脸，雾轻轻地落下来，朦胧的爱情在心中滋生，我们度过了一段浪漫而美好的闲暇时光。

年轻的心时常会孤独，时常会狂热，时常会落雨，时常会躁动，只要你心中有歌，一切又何妨呢？唱一首歌，解放自己，没有卡拉 OK 的刻板，没有电声乐队的嘈杂，只要有源自心灵的清唱就足以鸣响落寞的生命。

赏析

"感谢音乐"，它叫"我"学会如何摆脱抑郁。在那段困顿的日子里，有音乐相伴，"我"心灵的烛火就不会熄灭，有音乐相伴，生活的每一分钟都充满着温馨和浪漫。

"感谢音乐"，它以汩汩流淌的旋律涤清"我"心中的阴影，它以甜美柔曼的声音"鸣响"一颗颗"落寞"的心灵。

"感谢音乐"，它叫我自醒、自悟，叫"我"知道：我的存在就是这个世界的存在！

有音乐的日子该多好！

雪的面目

>> 林清玄

那些写着最热烈优美情书的，不一定是最爱我们的人；那些陪我们喝酒吃肉搭肩拍胸的，不一定是真朋友；那些嘴里说着仁义道德的，不一定有人格的馨香；那些签了约的字据呀，也有抛弃与撕毁的时候！

在赤道，一位小学老师努力地给儿童说明"雪"的形态，但不管他怎么说，儿童就是不能明白。

老师说：雪是纯白的东西。

儿童就猜测：雪是像盐一样。

老师说：雪是冷的东西。

儿童就猜测：雪是像冰淇淋一样。

老师说：雪是粗粗的东西。

儿童就猜测：雪是像砂子一样。

老师始终不能告诉孩子雪是什么，最后，他考试的时候，出了个"雪"的题目，结果有几个儿童这样回答："雪是淡黄色、味道又冷又咸的砂。"

这个故事使我们知道，有一些事物的真相，用言语是无法表白的。对于没有看过雪的人，我们很难让他知道雪，像雪这种可看的、有形象的事物都无法明明白白的讲，那么，对于无声无色，没有形象、不可捕捉的心念，如何能够清楚地表达呢？

我们要知道雪，只有自己到有雪的国度。我们要听黄莺的歌声，就要坐到有黄莺的树下。

我们要闻夜来香清气，只有夜晚走到有花的庭院去。

那些写着最热烈优美情书的，不一定是最爱我们的人；那些陪我们喝酒吃肉搭肩拍胸的，不一定是真朋友；那些嘴里说着仁义道德的，不一定有人格的馨香；那些签了约的字据呀，也有抛弃与撕毁的时候！

这个世界最美丽的事物，都是语言文字难以形容与表现的。

就像我们站在雪中，什么也不必说，就知道下雪了。

雪，冷面清明，纯净优美，在某一层次上像极了我们的心。

赏 析

雪这个有形有色的东西，我们却无法"明明白白的讲"，更何况那些"无声无色，没有形象，不可捕捉的心念"呢？

常说：人心隔肚皮。即便把心摊在你的面前，你能知道里面到底包藏着多少善良与险恶？

但不能因为我们心里叵测难定，就不去保持那份"人格的馨香"，相反，我们应如雪一样"冷面清明"，如雪一样"纯净优美"。

■ 鳄鱼尾巴

>> 刘　妍

物可以有昂贵低廉之别，精神可以有伟大卑贱之异，生物可以有复杂简单之差，但生命没有差异：活着就是活着，死了就是死了。

朋友送给我一条鳄鱼尾巴。

棕黄色短短的一段，交错着深深浅浅的沟沟壑壑，硬邦邦地趴在桌上，像一截晒干的竹笋。若不是这浓重的皮革气息提醒了我，我是无论如何也不会把它和那称霸尼罗河的鳄鱼联系起来的。可不是嘛，这毫无生气的黄褐色，这还很光滑的皮面，和这些卷曲了的齿，这，真的来自鳄鱼？我想起了商店里的"鳄鱼"牌时装，不由得笑了笑。

那条"鳄鱼"被我收起，很快就被埋进了记忆的沙滩。

很久以后，当它无意中从抽屉的最深处跳跃到我眼中时，我几乎被吓了一跳，一种奇特的感觉像股强烈的电流瞬间传遍我的全身：它，是有生命的！它淡淡地散发出那种真实的生命的气息；那坚硬的皮革显示着它不变的威力；那虽已弯曲的齿，却依然刚硬，不屈地捍卫着它的尊严。

我惊呆了，因为我发现了世界上永远存在的一个伟大的东西——生命！

区分万物的最简单的方法是看他活着还是死了。世界上唯一平等的就是生命。人可以有高低贵贱之分，物可以有昂贵低廉之别，精神可以有伟大卑贱之异，生物可以有复杂简单之差，但生命没有差异：活着就是活着，死了就是死了。

但精神呢？生命留给我们的精神永存！

我看到的莫不是这条小鳄鱼的精神？

■ 赏 析

再读"精神"二字时，"我"分明感到了一种巨大的生命的力量。它超然于生命之上，"捍卫着它的尊严"。

再没有比精神更为长久的东西了，因为它"淡淡地散发出那种真实的生命的气息"，它是生命的凝聚和升华，它支撑着生命的躯体和灵魂，熠熠闪动着无法摧折的活力。

试想：假如生命失去了精神，那么，人与物又有什么区别呢？

做你自己

>> 刘　琪

做你自己，是想让你充满自信，看清自我，创造自己的价值，不是自命不凡的孤傲和追求另类的怪僻。

当板寸头流行的时候，女孩子们纷纷去赶了这个时髦。若是秀气水灵的，剪个寸头倒也无所谓，但倘是圆头大脑的，剃个板寸刺头就显山露水，不堪人目了。当"酷"字登陆中国时，人们便常将这个字挂在嘴边，但若是平素板正严肃的主持人也"酷"来"酷"去的，就有失身份了。所以，做你自己，亮出你的个性风采才是最好的。

做你自己，因为你就是你，在你的身上有独一无二的个性。个性的东西因为与众不同才分外精彩。由于它的鲜活明快，这个世界才不会被流行色涂抹得单调无味，人们才不会像同一模板成批订做出厂的那样呆板老套。在乒坛上，孔令辉的沉着稳键令人欣赏。刘国梁的勇猛果断也颇受人欢迎。在歌坛上，郑钧的摇滚很有风采，张信哲的情歌也很受青睐。同是《焦点访谈》的主持人，水均益显得睿智，白岩松透着成熟，方宏进则让人觉得从容，敬一丹还带着几分亲切。就是这种种的个性色彩才将这个世界装扮得格外精彩多姿。若盲目追求流行模仿他人，恐怕你眼中的世界就不是这么五彩缤纷了。

做你自己，因为别人的东西不一定适合你。这就好比薛宝钗不适合去葬花，张飞不适合去摇鹅毛扇一样，美好的东西不胜其多，然而只有在恰当的地点、恰当的时间发生在恰当的人身上，美好才会真正体现出来。否则，不成了东施效颦的笑柄，也要留下张冠李戴的遗憾了。

做你自己，体现你独有的个性魅力，这个世界将会因你而更加精彩。

做你自己，绝不是刻意强求一种与众不同而显得另类。去年王朔出了《看上去很美》，马上就有一个无名小卒出了《看上去很丑》，内容不见得是表达了自己强烈要表达的东西，恐怕是想玩一把个性体现却一不小心过了头，成了哗众取宠的小丑。做你自己，是想让你充满自信，看清自我，创造自己的价值，不是自命不凡的孤傲和追求另类的怪僻。那只是些表面工作，欺骗自我不是真正的个性体现。

做你自己，你得首先看清一个真实的自我，然后拿出十二分的自信告诉自己："我就是我！"去掉那些人性的浮华雕饰，亮出你的王牌，追求你的个性，做你自己就是最好！

赏　析

做你自己，就是首先应认清你自己。是做哗众取宠的小丑？还是做个性完美的自我？作者从现实生活的诸多现象入手，对时下流行的"酷族"针砭一二，并强调"做你自己，亮出你的个性风采才是最好的"。当然，作者也突出说明了"个性"并非是"刻意强求一种与众不同而显得另类"，个性是"充满自信，看清自我，创造自己价值"的体现，是实现人生价值的基础。

对 弈

>> 何 灵

每一局棋都是一个挑战，也是一次机遇，要你全心全意，发挥潜力。或许人生与下棋不同的是人生没有和局，非败即胜，这更显现出人生的微妙与珍贵。

自古以来，人们就把琴棋书画当做四种国粹，虽然四种艺术各有千秋，而我最欣赏的则是对弈互搏那种高远的意境。长者多擅弈，自诩为"有约不来过夜半，闲敲棋子落灯花"。除却这一份闲情雅致外，对弈的艺术中更蕴藏着无穷的智慧与凝重的艰辛。

对弈时但见棋局中泾渭分明，黑白子错落有致。实则虚之，虚则实之，变幻不定，包罗万象。对弈又好似敌我双方一场鏖战，关系着身家性命，不论攻守，总难免一番厮杀。妙子一着时时令人惊心动魄。无怪乎世人折服于棋艺之博大精深。

有人说下棋互弈乃是技巧上的游戏。诚然，技巧固不可少，但更确切地说是一种智慧的对垒：讲究攻守得当，通观全局，把握主动，攻心为上。一味抢攻必然忽略防守，易遭暗算；只守不攻也是固步自封，进退维谷。记得十二届天元战时，小将王磊虽先声夺人，锐不可当，但常昊并未失了气焰，继续沉着应战，还以"双飞燕"出新手，出奇制胜。在对弈中常常也是灵感所至，信手拈来。而关键的是从错综变幻的棋局中找出一举制胜的契机。有时也常常出现奇招叠起或一招制胜的情形，令人拍案叫绝。这完全是仰仗通观全局，浑然天成。所以对弈中往往并非刻意布陈，讲究随机应变，水到渠成。高手相搏，时有僵局，为获成功，也要付出不一般的代价。

而通达的智慧则来源于无上的心法。有时对弈，表面上看只是黑子白子的拼力角斗；内在的却是两人心灵的交锋，较量个人的定力、胆识与心智。对于那些看似平和然内蓄杀机的棋局，实在是对双方在冷静、自信、洞察力等多方面的考验与挑战，需要持久的耐力，不轻易服输，努力寻求败中取胜的机会：卡斯帕罗夫与深蓝一战可谓轰动全球，棋王之败，恐在于他一丝的沉不住气。机器人缺乏情感倒是成了一个优势。有很多时机，在"山重水复疑无路"的境地下，会"柳暗花明又一村"。棋局中不乏出现在先失几局的劣势下背水一战的局面，许多国手沉着部署，在万分把握下，始现锋芒，露出英雄本色。这也说明良好的心态在对弈中也必不可少，要为自己开拓生路，披荆斩棘，便需洞烛先机，善于绝处逢生。

对弈实质上是较量一种素质：灵活应变，沉着不惊。棋盘上的格斗，也有如人生道路上的竞争，须步步为营以防险象环生。棋局败了可以重来，人生败了如何改写呢？人生也像一场大的战争，包含着无数的战役，那对手也许是别人，是命运，或是自己。每一局棋都是一个挑战，也是一次机遇，要你全心全意，发挥潜力。或许人生与下棋不同的是人生没有和局，非败即胜，这更显现出人生的微妙与珍贵。"一朵花里见天国"，棋手对弈中也蕴含着宇宙间至高至深的哲理。观棋或对弈，都能激发人类的思维，引申出另一种深意来。

▉ 赏 析

"对弈"，我们都不陌生，可贵的是，作者从司空见惯的对弈中悟出了深刻的人生哲理。作者把自己对生活的感悟，对人生的思考借"对弈"这一载体巧妙自然地诉诸笔端，立意深邃，构思独到，令人叹服。

"棋局败了可以重来，人生败了如何改写呢？"——发人深省；

"每一局棋都是一个挑战，也是一次机遇，要你全心全意，发挥潜力。或许人生与下棋不同的是人生没有和局，非败即胜……"——振聋发聩，催人奋进。

生生不息

>> 柯 南

　　在浩瀚的宇宙中，人的生命曾经如此渺小，要探索星空的奥秘，首先要使自己"永生"。既然记忆可以移植，那么探险者的记忆和经验就可以永远保存下来。即便是斗转星移，时间流逝，他们的探索也会永无止境。

　　自古以来，美丽的神话中就充满着人类对"永生"的渴望，嫦娥奔月，徐福渡海，何等凄美，何等执著！科学技术日新月异的发展，告诉我们人类从未停止对梦想的追寻。而第一只克隆羊"多莉"的诞生，更宣告了"躯体永生"时代的到来。科学家们又向更为关键的"精神不死"发起了挑战。假如有一天，人类的记忆也可以移植，那么与天地同在，和宇宙同终的梦想也会成为现实！

　　在浩瀚的宇宙中，人的生命曾经如此渺小，要探索星空的奥秘，首先要使自己"永生"。既然记忆可以移植，那么探险者的记忆和经验就可以永远保存下来。即便是斗转星移，时间流逝，他们的探索也会永无止境。

　　在茫茫太空中，究竟有没有地外文明？灿烂群星里，有没有人类适宜生存的环境？到底黑洞的深处是什么？宇宙的边际在哪里？这一切曾经困扰人类多少年的问题，将随着"永生"的实现而一一解决。因为，一旦实现真正意义上的"记忆永存"，人类便与宇宙站在了同等的位置上；如果宇宙无限，也就意味着人类的生存空间将无限拓展——生存得到了保证，那么其他的一切也会迎刃而解。

　　生生不息！这就是人类梦寐以求的生存方式。早在千百年前，曹操就曾对月长叹："明明如月，何时可辍？"李白就曾抛出豪言："俱怀逸兴壮志飞，欲上青天揽明月"。如果记忆移植真的实现，永生时代真的到来，这些将不再仅仅是梦。而人口、环境、资源等一切与生存息息相关的现代问题，也会化为无形。

■赏 析

作者无疑深爱着自身的生命，人类的生命。

人类自古至今，生生不息，奋斗不止，不断地探索，不断地追求。

作者借记忆可以移植这一设想，将人类抛进了浩渺的时空，去探求生命生生不息的本质。

由此可见作者思考的深度。

假如记忆可以移植

>> 徐 佳

多么优美的语言，像诗又像歌！

一切心中美好的愿望都尽情地抒发出来，如涓涓而动的溪水，如甘甜醇美的琼浆。任幻想的翅翼自由飞翔，去讴歌生命，讴歌希望，讴歌人类对美好生活的无限憧憬和向往……

这是一颗年轻的心脏，这是一片激情的海洋，永无止境的追求填补了生命的力量，有了这种炽烈的热焰，明天一定会更加辉煌！

假如记忆可以移植，我要将自己与朋友间发生的一切不快统统抹去，重新植入我们手挽手、肩并肩欢歌笑语的日子。

假如记忆可以移植，我要将我的任性从父母的脑海中轻轻擦去，然后将我的孝顺、听话与无尽的爱重新移入父母的脑海，让他们的脸庞永远绽开舒心的微笑。

假如记忆可以移植，我要将充满欢乐的童年时代植入贫困山区孩子们的脑海中，让他们不再因儿时贫苦而带来的伤痛难以开怀，取而代之的则是甜蜜、幸福的童年对未来充满希望的企盼。

假如记忆可以移植，我要将一个充满温馨与爱的家庭移入孤寡老人的脑海，让他们不再因子女的不孝、冷漠而郁郁寡欢；让他们不再因老伴的离去而黯然神伤；让他们不再因孤独而沉默寡言。我要让美好的回忆陪伴他们度过余生。

假如记忆可以移植，我要将五彩斑斓的世界移入盲人的脑海；我要将美妙动听的音乐移入双耳失聪的人的记忆，我要将一切鄙视与不屑永远移出全世界残疾人的记忆，而把一份同情与关爱轻轻地放入他们的脑海，让他们的唇边开放微笑的花朵。

假如记忆可以移植，我要将恐惧与炸弹永远移出南斯拉夫人的记忆！让他们不再因亲人的失去、家庭的破碎而悲伤，不再因那血淋淋的残暴、那被大火烧焦的残垣断壁而永远留下一个永不愈合的伤口！我要将北约的炸弹从他们的脑海中抹去，还给南斯拉夫人民对往昔美丽、宁静的国家的回忆。

假如记忆可以移植，我要将和平移人一切遭受过苦难的人民的记忆，要将践踏和平的观念永远移出那些"战争狂人"的记忆，让我们共同留下对过去和平生活的美好回忆和对未来和平生活的无尽向往吧！让我们——全世界不同肤色的人民团结起来，为创造和平而不懈努力！

假如记忆可以移植……

■ 赏 析

本文像诗又像歌。语言优美，情感更动人。

作者以"假如记忆可以移植"这一设想，将心目中的美好愿望尽情地抒发出来。

这也是对人类真善美的热爱与追求。

■ 月上柳梢头

>> 余达人

夜幕之下，翘首仰望苍穹，看明镜般的月亮静静倾洒清辉，任遐想的翅膀在柳梢之上飞翔！

是思念，是亲情，是哀愁，是悠悠之梦……

月上柳梢头，溶溶月光尽情挥洒着诗情画意，凝视她，一种历史的使命感油然而生，涤荡肺腑，催人猛醒。

又是一年一度的中秋佳节。我们一家人历来有赏月的雅兴，今年也不例外。当夜幕降临时，我们登上阳台，围坐在一起，翘首望着苍穹。

月上柳梢头。明镜般的月亮高高悬在天空，把如水的清辉静静地倾泻在大地上，大地升起一层薄薄的烟雾。

溶溶月色使我顿觉心旷神怡，望着深蓝色的天宇，我陷入沉思。古往今来，有多少人望月遐思、对月咏唱啊！

床前明月光，疑是地上霜。

举头望明月，低头思故乡。

在万籁俱寂的深夜，蓦然醒来，望着一轮明月，缠绵而悠远的思乡之情油然而生。李白的《静夜思》，寥寥 20 个字，拨动了多少客居异乡游子的思乡之情！

人有悲欢离合，月有阴晴圆缺，此事古难全。但愿人长久，千里共婵娟。

苏东坡把自己悲欢离合的凄凉感伤情绪，和月的阴晴圆缺作比，盼望与自己远方的亲人共赏明月。更激起人们感情上的共鸣。

古人咏月的诗词，那么美，那么情真意切，令人一唱三叹。然而，那字里行间所表达出来的封建士大夫阶级对天地永恒、人生无常的感慨，格调是那么低沉，那么消极，读了让人产生一种压抑之感。

于是乎，我想起了另一首词——

西风烈，长空雁叫霜晨月。霜晨月，马蹄声碎，喇叭声咽。

毛泽东的词在我们面前展现了一幅何等悲壮的画面；西风凛冽，深远的天空，挂着一弯残月。溶溶月色照着冷冷寒霜，时而传来的大雁的悲鸣。就在这肃杀的秋晨里，战士们正策马向前，进军的喇叭声划破长空……

月上柳梢头。

登月望地球，那该是怎样一幅瑰丽景象！有幸遨游太空的宇航员为我们描绘了这样一幅图景：

一个圆形星球悬在空中，上面有蓝色的海，白色的云，在没有云块遮挡的情况下，可以看到地球上的海陆轮廓。可惜宇航员们缺少诗人气质，如果他们像诗仙李白、大文豪苏东坡那样才华横溢，定会写出美丽诗篇。

然而，美国人阿姆斯特朗是一个天才的诗人。他的一句话，石破天惊，绝不亚于诗仙、文豪的诗。20 世纪 60 年代的一天，他的左脚首先踏上月球，在月球上留下人类最初的足迹。数以亿计的人从地球的电视屏幕上看到了月面上的阿姆斯特朗，听到了他激动的声音：

对我个人来说，我只是迈出了一小步；对于人类来说，这却是一大步！

地球上的人们可以摸到月亮了！然而，中国有"嫦娥奔月"的美丽神话，却没有阿姆斯特朗，惭愧啊！

月上柳梢头。

大地像一张硕大无比的宣纸，溶溶月光透过枝叶，在宣纸上留下斑斑参差的黑影。远山，近树，溪流，屋舍……影影绰绰，扑朔迷离，宛如一幅绝妙的写意水墨画。

这月夜多美好，多富有诗情画意啊！

■ 赏析

本文想象丰富，构思独特。主题有深度，从古至今，从国外到国内的描述中体现了时代精神，表达了作者心目中青年一代的历史使命感。如在详细安排上再加推敲，文章会更具信服力。"月上柳梢头"的确不错。

天 使

>> 秀 丽

我双手挽住阳光秘密抵达花瓣的梦境，伫立窗前，想着某一天。就像现在，我临窗而立，眺望那些远处次第亮起的灯火，回忆那些尚未黯淡的印象却已是隔岸的火，远山的风，并不感到寒冷或温暖。

安琪小姐从当地报纸上看到成人学校将为圣诞演出开设天使训练班的消息。"这太好了，"她想，"今年将有一个特别美妙的圣诞之夜。"

在报纸的另一面，她又读到一则来自地方医院的信息：一些残疾儿童急需有爱心的妇女的帮助。安琪小姐放下报纸，走到日历前，将自己能够前往帮助那些儿童的日期做了一个标记。

一周过去不久，一位客人前来拜访安琪小姐。他就是布莱恩先生，成人学校的校长。

"安琪小姐，"他说，"我曾经听人唤您为天使，因此我觉得圣诞演出一定要有您的加入。"

"为什么，布莱恩先生？"安琪小姐有些吃惊，但显然很高兴，"可我真的认为自己不够条件。"

安琪小姐终于报了名。开课的那天，她安安静静地坐在最后一排。她听见老师宣布："现在我们开始练习！"

她看见那些女士都装上了她们的翅膀，开始用足尖练习舞步。"罗马不是一天能建成的，"老师鼓励大家说，"练习会使人成功。"

安琪小姐有些羞怯地展开了自己的双翅，令所有的人惊讶不已，也令她自己大吃一惊：她的足尖不知怎的，竟像一阵轻风似的离开了地面，一定是翅膀被风托起来。安琪小姐感到非常难为情，便轻轻地落了下来，小心地将翅膀收好。

所有的女士都跑向她："您是怎么做到的？安琪小姐，请告诉我们吧，求求您！"

"我真的不知道是怎么回事。"安琪小姐说。她看了看表，还差半小时，她又要去医院照看那些孩子了。

下一次课，安琪小姐显得更加安静、美丽。

"您必须再给我们表演一次。"老师对她说。

她站起来，开始拍动她的翅膀，结果她再次离开了地面又再次轻轻落了下来。啧啧声再起，其他女士都再三央求她告知其中的秘诀，因为她们中间谁也做不到像安琪小姐那样。

安琪小姐想了想，试着解释道："我想主要是得全身心进入——譬如说，当你在游泳时，你要认为水会帮助你。如果我们在练习时依赖空气，也许会……"

"依赖空气？这是多么愚蠢！"女士们嚷嚷道。然而尽管她们在舞台上跳呀、蹦呀，像鸟儿一样扇动她们的翅膀，却没有奇迹发生，没有人能飞离地面。

下一次课也没有什么变化。一位女士抱怨说，她和邻居闹僵已经很长时间了。另一位女士说，她和丈夫已经很长时间不说话。或许这就是她们为什么不能成为真正的快乐的天使的缘故？

圣诞演出终于开始了，舞台上灯光转暗，红烛摇曳。安琪小姐和其他女士一块儿站到舞台上，呼吸着鲜花和松枝的清香，她感到前所未有的幸福。

当唱诗班开始美妙的歌唱，安琪小姐也开始扇动她的翅膀，她飞离了舞台，高高飞翔在观众之上。人们无法相信眼前的一切，只是一个劲儿地鼓掌、歌唱……

■ 赏 析

文章的笔触细腻委婉，不煽情，不夸张。然而正是在这平淡的叙述中，安琪小姐的形象渐渐清晰起来。我们仿佛看到，她带着羞怯的笑容，轻轻地飞翔在舞台上空。虽说文章的情节是虚拟的，但我们却宁愿相信这是真的，因为在我们心目中，只有天使这个称号才能配得上安琪小姐那颗纯洁、善良的心；只有像安琪小姐那样高尚灵魂的人，才有资格"飞"上人们仰望的天空！

玫瑰季节

■ 离别的日子

>> 柴燃恒

揣着梦想上路，踏出一路风光。/揣着梦想上路，无路也有希望。

一直都不相信离别，虽一而再、再而三地在作文簿上编写友远离的故事——从小学就开始了，然而却天真地以为这种事只发生在作文簿里，直到静走的那一天。

静走的时候，也是这样的秋天。我们沿着被秋风染得忧伤的小镇走了许久，风捎来了远处的歌声，在指间嬉戏。

那是一条我们多次走过的路。路边挤满了卖小吃的小帐篷，远远地就可以分辨出小吃摊上亮着的灯火，即便冷风呼呼也会令我们温暖。

静常拣一个与烤羊肉摊相对的小吃摊坐下，静喜欢那戴着圆顶花帽、翘着八字胡，熟练地烤羊肉的维吾尔人，说是能从他们身上看见无垠的草原和巍峨的雪山。那是一个寻梦的部落，祖先怀着自由的永不知疲倦的心，追寻燃烧的信念。隔着星星点点的灯光，看着烤肉的炉火上冒起淡青色的炊烟，遐想一下茫茫的草原、隐约可见的雪山和游牧部落古老的传说以及游牧人民脸上圣洁淳朴的微笑……就是那个黄昏，我们相约去散步，走在河边上，任沉默填补着时间的空白。那一季流行灰色调，身边匆匆跃过的人，脸上的表情和衣饰一样的冷，惟有静的衣衫是一团耀眼的火红。借着江水，远处传来音乐声，于是静轻轻地吟唱着。一抬头，树梢上竟挂着一枚圆圆的落日，静浸在这一片柔和的光中，那份美丽成为我心中不逝的画面。

静走的那天，托人捎来一个橘灯，这让我想起当初我们最爱读的《小橘灯》……

日子在不经意中过得飞快，手边也撂了一沓越来越简短的信，除了平安，一切任我想象。然而，当我默然接受这种安排时，却在异乡的街头遇见了静。

不一样的城市，一样的黄昏，长发飘然的静那么真切地立于斜阳中，却在一转身之后离我越来越远。我实在害怕，那个与静相知的年代已在我心中生成一个童话，而那个曾与山水为伍的清灵女孩儿在这大都市中是否还能与我相知呢？

起风了，无垠的草原，隐隐的雪山，长发飘飘的静以及与静有关的回忆纷纷涌上心头，甚至那悠悠的江水，圆圆的落日都那么清晰地在眼前浮现。可是，无论如何都看不清，风中的那张笑脸……

■ 赏 析

本文突出的特点是意象手法的运用。没有过多表达思念的语句，有的只是一些意象的符号，于是，维族人的小吃摊、火红的衣衫、圆圆的落日、悠悠的江水构成了"我"与友人相处的岁月；于是，在"离别的日子"里，浮现在眼前的只是这些意象符号构成的图景，而本该清晰的"笑脸"却模糊在记忆中。至此，一种"物是人非"的惆怅早已不着痕迹地溢满了字里行间。

从未拨打的电话

>> 亚 楠

爱害别人的长处，原谅别人的缺点，可使你的人生快乐、轻松而充满了光明！

她的名片上没有住宅电话号码，曾经有一次我有急事却怎么也找不到她，便找一个机会问她。

她犹豫一会儿才报出那串数字，虽然再没讲什么，但我明白了她的意思。

她的住宅电话就记在我随身携带的号码本上，翻过来翻过去把它都看熟了，但一次也未拨打过，因为此间没有什么紧急的事情需要动用它。

直到有一天，她打电话告诉我，她的电话改号了，我认真记下了它。

有位我和她共同的熟人，有一天来问我：她的电话是否改号？怎么老也打不进？

于是我知道，她没有将改号通知这位熟人，而且我一向知道，这位熟人最爱打无关紧要的没完没了的电话。

她并不淡薄友情，但她惜时如金，她可以与你疯玩，与你长谈，但在特定的时空中不希望常有无关紧要的电话来打扰。

所以她觉得这位熟人实在不需要那电话号码，闲下来随手翻开号码本随便拨个电话与人扯，与谁扯不都一样？我认真记下却从未拨打过那电话，她知道我是真的需要它。

■ 赏 析

这叫我想起时下风靡国人的"网吧"，这东西到底有什么魅力呢？若是一时地与"网友"瞎扯神侃，消磨时间，沦为"网虫"还大呼："心甘情愿"。这"网吧"不就成了扼杀生命的工具了吗？

友情不是靠耗费时间就能够轻易获取的，相反，"惜时如金"的人才更能领悟友情的真实内涵。

■ 一笑千金

>> 毛志成

爱是世界上一切美好事物的源泉，笑是这源泉扩展成渠水后最闪光的涟漪。

A

爱是世界上一切美好事物的源泉，笑是这源泉扩展成渠水后最闪光的涟漪。

我在人生的水域里游了几十年，许多事都忘记了，但那一朵一朵的绚丽浪花却永久地在我的记忆和感受中闪光。

B

我当年在中学任教时，一位女校长原是工人，性格粗放，笑起来连胸腔都发生了强烈共鸣。她的一位邻居——典型的泼妇，闯进校门便揪住一位女教师的头发摁倒在地，拳打脚踢，谁劝也不成。我冲过去，从她身后揪住她的头发一扯，狠狠的给了她两个耳光。事后，有人认为我有失教师"形象"，又要我做检查。女校长开会回来，听到此事，顿时笑得前仰后合，胸腔都变成了共鸣箱。她对我的评价是："好，好。"

C

一位很漂亮的清扫工在清扫街心路时，恰逢我经过。为避烟尘，我一边躲一边用手捂上了鼻子。她朝我微微一笑，停下了手里的扫把。这微笑是在示意我不必担心，她会体谅我的。这一瞬微笑，我久久不忘。

D

我目睹过一位大胡子警察很费力地擒获一个十五六岁的小凶犯。制服后，这位警察微微一笑。在上铐之前，特意扯了扯这小凶犯的毛衣袖口，生怕那冰冷的铁器直接"咬"在这双毕竟还稚嫩的手腕上。

E

我骑车上班，车的后架上夹着我的公文夹，那里面是我学生的论文。

一位骑车人骑到与我并肩时，用手拍了拍我的肩，又指了指我的车后架，微微一笑，随即快蹬几步，走远了。我停下车一看，公文夹子已经摇摇欲坠。

F

去饭店吃饭，一位年轻母亲将两三岁的孩子放到椅子上占座位，以便她腾出身去排队、开票。一位女服务员给邻桌送过饭，途经这里，见孩子向她伸出双臂，便信手抱了起来。孩子撒了尿，这位女服务员被湿衣的温度提了醒。她一经发现自己果真被尿了一身，随即便欣赏到一个精彩节目那样哈哈大笑起来。

G

下过雨，路上的低洼处积下了水。我在路上走着，一辆卡车从我身后开来，猛然刹车。司机伸出头来向我微微一笑，示意我躲一躲，以免溅上泥水，然后以最慢的车速驶过。

H

我的同事——一位有洁癖的中年女副教授，和我在街上散步。几个孩子打雪仗，一个很有些不洁的雪团打在她的脸上。她用手抹掉雪渣之后，虽然见手上有泥水，但她一见孩子那顽皮样子，还是很有些爱意地笑了。

世上没有了笑，多晴朗的天气也是阴郁的。

■ 赏 析

世间有了笑，也是很麻烦的事情。

譬如，你的上司什么能耐也没有，只会以笑待人，是亲切吗？是关爱吗？能不能充实你的钱袋子呢？

再譬如，你晋升了，发财了，有点名气了，你周围的同事见了你后，也那样傻傻地木木地笑笑，是真诚吗？是友情吗？还是笑里藏刀刀呢？

　　再再譬如……

　　咳，这世界到底怎么了？不笑不好，笑也不好，那就戴上假面具吧，那就把自己的表情廉价出售了吧！

　　我老想：这社会，哭有时候要比笑好。

　　瞧我，说的什么乱七八糟！

谁是我的朋友

>> 刘兴华

不见不散，我见我散；不散不见，宁散也得见。那一声风花雪月的散，
为了是天涯海角的见；那一次刻骨铭心的见，为的是不留痕迹的散。

"谁是我的朋友？"每当夜深人静，茫然四顾之时，总要鬼使神差
地想这个问题。

没有亲人的人，人生是残缺的；没有朋友的人，旅程是孤独的。

白天，我常常被一些人称作朋友，晚间，称作我朋友的人又在哪
里呢？

我从不敢轻易称呼他人为自己的朋友，我始终认为，朋友间不仅仅
有一种责任，更重要的是还要有一种友情。假如没有友情的存在，那算
朋友吗？

我很欣赏这样一种境界：在理想上，他们一致；在配合上，他们默
契。总之，他们要志同道合，而其间的相互关照，则没有人为的因素，
完完全全是真情的自然流露。

我还欣赏这样一种准则：他们相交，不以貌取人，不搞什么"门当
户对"，也不搞"投桃报李"的交易，总之，他们排除了一切功、名、
利、禄的诱惑。

现在有许多人动不动就自称是你的朋友，你可能也有这样的习惯，
假如这不是缘于应酬，就是缘于对朋友认识的肤浅。现今确有一些人认
为：相交皆曰朋友。但我始终认为：朋友，绝对不是这回事。

与长者相交，人称忘年交。这很难称之为朋友；与口是心非者相
交，上当受骗的事都防不胜防，哪还心有余力与之为伍呢？与见利忘义
者相交，他总在你的钱袋上打主意，利断，自然义绝。除此之外，就剩
下酒肉朋友了。然酒肉朋友，自古至今仍是个贬义词。又有谁人把此类
人当朋友看待呢？

"别怪我不够朋友"恶狠狠向你叫板的，不是你的朋友，而是逼着
你就范的"陷阱"。

在背后三番五次散布你"这小子真不够朋友"的所谓朋友，也仅仅是在专门利己之前打打朋友的旗号而已。

"他是我的朋友，他就要听我的。"如此霸道，哪还有一点友好的格调？

当然还有，"你放心去找他好了，就说是我的朋友。"虽表面上仗义执言，但他忘了，朋友是不能转让的，更不能出卖。但人们已经习惯这样做了，把自己的麻烦转嫁他人。

我仅有两个朋友，一个是男的，一个不是。一个远在"天边"，一个近在"眼前"，都是从文字出发相识相知的，虽然我们相交时间还不太长，但心灵告诉我，随着时间的推移，新朋友一定会变成老朋友，而不会分道扬镳。

朋友，是用心灵相互告知的，而不是语言，"拉起手来，我们是朋友"那首歌，至今我还是不敢唱。

■ 赏 析

真心相连，真情互动——这才叫朋友。

驳杂尘世，人影攒动，谁是你的朋友？那些世俗的目光，虚虚的笑容，"茫然四顾之时"，心灵深处是否有一种酸楚的疼痛？

"没有朋友的人，旅途是孤独的"，没有朋友的人，你就缺乏那种"志同道合"、"相互关照"的温暖，你的世界是闭塞的，你即便拥有富足的物质享受，然而，你的精神世界仍是一片空白。

相互理解，相互宽容，相互默契，相互流露……携起手来，我们一定能成为朋友。

■ 真爱至尊

>> 瑞　明

我渴望真爱。不是缠绵不已，也不是热情如火，是那种回眸间令你怦然心动、久久回味的一个动作，一个眼神，一段历程；是那种时刻萦绕在你心间，使你不再孤单、茫然的幸福体验。

很长的一段时间里，我的心被一种莫名的情绪填充着。走在车来车往的大街上，看马路两旁鳞次栉比的高楼，我常有陷在围城之感。空间与心灵的封锁，让我无限向往乡间的田野，向往轻风拂面的温柔，向往释放心怀的自由。

每天有很长的一段路走。每天和很多陌生人相遇，然后分离。从他们僵硬的表情和匆匆的步履中，我看到某些东西在隐去，那是被大多的五光十色所冲淡，被太多的脂粉与口红所掩盖，但却深藏于人们心灵深处，被人们朝圣般膜拜的真爱。

我渴望真爱。不是缠绵不已，也不是热情如火，是那种回眸间令你怦然心动、久久回味的一个动作，一个眼神，一段历程；是那种时刻萦绕在你心间，使你不再孤单、茫然的幸福体验。

真爱，深藏于心，很少表白，化成了对人对事的理解与彻悟。

公共汽车上，一位高大的中年男子搀扶着满头银发的母亲安详而平静地站立着。母亲瘦小的身躯紧紧依偎着儿子坚实的臂膀。儿子与母亲，在那一刻站成一面镜子，让我霎时顿悟人性中这浓浓亲情的含义。马路边上，与友人兴致勃勃地吃着麻辣烫。忽然，旁边一个两三岁的孩子引起了我的注意。她的衣服是那样的破旧，而且肮脏，她的稚嫩的脸蛋儿被风吹得通红，肉团团的小手因皲裂而显得粗糙。她站在离我不到一米远的地方，站在寒风中，站在同她一样衣着破旧而且肮脏的母亲旁边，出神地盯着我手里的麻辣烫。女孩的眼睛，那没有任何欺蒙，没有任何尘埃，没有任何阴郁，纯净得让人心跳的眼睛深深地吸引了我，让我不由自主地走近她，把盘子伸给她。如果她想要，我会把我身上所有的东西都送给她，但是她躲开了，躲在妈妈的身后。女孩的眼睛让我明白了我真实的需要。

有真爱，便更加渴望真爱，渴望着一切的真实与自然。然而，置身在这纷繁的世界，我愈来愈感到，人们在追求丰富物质所带来的享受的同时，也在轻易地放弃着精神上的家园，譬如至死不渝的爱情，肝胆相照的友情，血脉相连的亲情，而这些是任何物质所不能替代的。在这个世界上，我们由于交往而形成了精神和感情，但我们也由于交往败坏着精神和感情。爱被充满，也被亵渎；爱被膜拜，也被毁坏，伤害与伤痛由此而来。

严冬的早晨，我依然被人流与高楼包围，木然地穿行在围城中的大街小巷。马路边，一簇簇亮丽的色彩跳入眼帘，是鲜花。鲜花，我喜欢，但不是被精巧地摆放在花店，只成为一种商品的那些。鲜花旁是一位朴实、慈祥的花农，花农坐在板凳上，默默地守护着这一小片灿烂，目光中充满着爱怜。花农与鲜花，为围城寒冷的冬天增添了别样的景致，让我再次想起了荡漾着田野气息的乡村。倾尽所有，我买了一大束鲜花放在车筐里。那一天，我的心中溢满了快乐与幸福，那是被一种真实的生命及体验填充的感觉。走在马路上，天是蓝的，人也一下子变得可爱。花农与鲜花，真实与自然，这些都深深地留在我记忆的深处。

真爱是不矫饰、不掩藏、不虚伪的情感，是悲伤时朋友递时来的一杯暖茶，是困境中路人一句热心的询问，是患难时亲人相依相搀的身影。心中有真爱，就有美好与希望；心中渴望真爱，就会发现真爱其实无所不在。

春天来了，走在充满生机的田野里，看花朵、小草、河流、树木，我已经感到真爱在每一处有生命的地方萌动。

真爱至尊，真爱无上。

■ 赏 析

"心中有真爱"，心境就会豁然开朗，这世界也会亮丽起来。

爱会带你进入一个"真实与自然"的空间，在这个精神的家园之上，我们被爱包围，并最终因爱而快乐地死去。

——这是一个怎样的境界啊，它高远而又真实，透明而又洁净，一切浮躁和虚伪都纷纷退却，一切困惑和抑郁都烟消云散……"真爱至尊，真爱无上"。

朋友走好

>> 王　晖

生命是艰苦的，我们无法永远使行动和自己的人生观一致，我们奋斗，我们受苦，只为了重新征服寂寞。

朋友，我亲爱的朋友，我不敢相信，不愿相信你真的离开了。离开了我，离开了所有关心你、爱你的人，离开了这个世界！你走的那天，降下了入冬第一场雪，如果真的有上帝的话，这一定是他为你撒下的你最爱的美丽、纯洁的百合花。

朋友，你没有走远，一连数日，你都出现在我的梦中。多少个清晨，我总是从睡梦中哭醒。命运何其残酷，先是一场车祸夺去了你父亲的双腿，这份伤痛还没有平息，更大的打击接踵而来，你被确诊患上了生与死的机率各占百分之五十的重病。

当你的母亲异常平静地告诉我这个消息时，我的心猛然狂跳不已，瞬间几乎窒息，一种呼喊强烈地在我心中回荡："不要走！为了你的家人，为了你的朋友，为了你最爱的艺术！"

没有任何一个人把你的真实病情告诉你，可你是那样聪明，你从我们的表情、态度中看出了什么，根据自身的状况从书上找到了答案。那天，一向坚强、开朗的你抱住我哭了，你说你并不怕死，可你怕的是自己死后，爸爸、妈妈……后来，肿瘤逐渐增大，压迫了视神经，你眼前的世界变得越来越黑暗，你的心却越来越平静。当你那由温和变为暴躁的母亲把我买来的花摔在地上对我大吼"她都看不见了，你拿这来做什么"的时候，你静静地摸索着下了床，捡起已摔烂的花，说："虽然看不到，但我还可以闻到它的香味呀……"

朋友，我今生的泪水大概都在陪你的这段日子流光了。因为你已经看不到了，所以我可以毫无顾忌地对着你流泪，而你大概认为我那时累得睡着了，静静地不出声，不打扰我。

你让我一遍又一遍地念着朋友们、同学们的来信，一遍又一遍地放着他们知道你失明后录下每个人心语的录音带。那些内容我们几乎可以背下来了，但你仍然听一遍哭一遍，只有这个时候，你才可以尽情宣泄心中的痛苦。

圣诞节快到了，你让我买来圣诞卡，让我握着你的手，一笔一画地写完了三十多张。你说，这也许是你留给朋友们最后的纪念了。我哭着大喊："你再胡说我要揍你了！"你平静地睁着空洞的眼睛望着窗外……

那天，我们谈到戴安娜。你说，戴安娜的死未必是一件坏事，她在自己最美丽、最受人爱戴的时候死去，把美好的记忆永远留在了人们心中。如果你也像她一样，在自己最青春的时候离开世界，也没什么不好。对于你的这种半开玩笑半认真的说法，我选择了沉默。

手术前一天，你回家住了一晚。我们通了近两个小时的电话，谈得很多很多，很远很远。你说，你把东西收拾好了，如果你回不来了，就把你所有的书、唱片和心爱的布娃娃全部留给我。你还说，圣诞卡先别往外送，如果你的手术成功了，你要自己送给朋友们，尽管那时已经迟到了……

那晚，我彻夜未眠，对着月亮和星星诚心诚意地为你祈祷……

当我下课直奔医院，却见到了空空的病床，你母亲泣不成声地告诉我，你再也不会醒来了……

我亲爱的朋友，你就这样离我们而去了吗？我不愿相信，我最好的朋友，那个吟诵普希金诗句的女孩一瞬间就从世界上消失了！我没有去送你，但现在，让我送送你吧！我没有精彩的文笔、华丽的辞藻，但我有一颗诚挚的为了朋友而跳动的心。戴安娜死了，她的朋友艾尔顿·约翰为她高歌一曲《再见了，英格兰的玫瑰》，我不会作词，更不会谱曲，我只能用自己最平凡的文字、最真诚的心声为你吟唱一首挽歌：别了，我亲爱的朋友，走好！

■ 赏 析

一曲洒满泪水的友情之歌。

朋友走了，"那个吟诵普希金诗句的女孩一瞬间就从世界上消失了"！她带着对生的向往、对死的平静、对友情的挚爱，悄悄地走了……

残酷的命运为什么要捉弄你？生命的奇迹为什么不属于你？……为什么？你多么年轻，你还有一颗多么火热、多么真诚的心！

擦干泪眼，"我"突然发现：朋友，"你没有走远"，你在"我"的梦里，在"我"的心里……

■ 诠释友谊

>> 阿 易

真正的友谊不需要苦心经营，但它需要我们用心去呵护珍惜。拥有属于自己的年轻岁月的一份情感，并让它维持一种自然的平衡，我们就把握了成长，走向了成熟。

曾经有这样一群男孩，他们离开了家，来到都市角落的一个陌生校园，刚刚离开父母温暖的怀抱，他们感到无助、迷惘。在他们为永远也洗不净的衣服发愁的时候，一群女孩也在为距离学校五六里的汽车站而忧心忡忡，为学校太偏僻而害怕晚归。他们和她们相识了，互相帮助，互相支持，成为最好的朋友。没有人愿意打破这平静、温馨、和谐的旋律。随着毕业的来临，他们各自奔向自己的理想，那一段日子也变成了每个人的生命中最美丽的回忆。

这是一段真实的故事，他们之中一人就在我身边。我想这就是友谊，宁静悠远、淡然从容，很真实也很温暖。《辞海》这样诠释友谊："人们交往的感情就是友谊。" 如果没有友谊存在，世界就失去了维系其联系的纽带，任何人都不可能在完全没有友谊的世界中生存和发展。这样的友谊在我们的生活中随处可见，它平凡又真实，就像郑钧唱的："我们活着只是为了相互温暖……"

其实，男女同学的友谊只是同学间友谊的不同组合的一种，由于性别不同而具有特殊性而已，它依然是纯真美好的，男女生之间也存在着真正的友谊。中学时期，他们对友谊的需求达到了人生的顶峰，一切心灵的奥妙都在交友中表现出来。中学时代建立的友谊，包括男女同学之间的友谊，多半是在日常的接触与学习生活中，自然而然产生的，没有任何利害的考虑和得失的权衡，这种友谊是纯洁的、真挚的，因而也是终生难忘。如果单纯的友谊升华为朦胧的情感，则一定要加以正确的引导，如果引导不当或放任自流这美好的友谊就会变成可怕的恶梦。真正的友谊不需要苦心经营，但它需要我们用心去呵护珍惜。拥有属于自己的年轻岁月的一份情感，并让它维持一种自然的平衡，我们就把握了成长，走向了成熟。

赏 析

真正的友谊"宁静悠远、淡然从容，很真实也很温暖。"它是我们生命中最美好的回忆，它充实着我们的生活，在漫长的生命之旅中，它就像路边随意开放的那么几朵野花，当你寂寞、困顿的时候，当你失意、颓丧的时候，望望它们，心里便会漾出些许温热的细流，轻轻冲刷你蒙尘的灵魂……

千万不要破坏友谊的"纯洁"和"真挚"，千万不要把它"变成可怕的恶梦"，让它做为我们"年轻岁月的一份情感"，这样，尽管你活到百年之后，只要拥有友谊，你就永远年轻！

信 任

>> 万国义

友情是独立人格之间的互相呼应和确认,它使我们独而不孤,互相解读自己存在的意义。所谓朋友,就是互相使对方活得更加温暖、更加自在的那人。

在恒河之滨,有一个三口之家:猎人、他的年幼的儿子和一条狗,他们和它是亲密无间的朋友。每当他出外打猎时,狗就在家看护着他的儿子,从不懈怠。一天,猎人刚一回家就被眼前的景象震惊了——不见了儿子的踪影,只看见那条满嘴是血的狗。他突然有一种天塌地陷般的失落:无限信赖的朋友背叛了自己,它吃了儿子! 于是,他怒从心上起,颤抖的手举起猎枪,对准那条似乎有些疲惫的狗。

它没有叫出声便倒下了,就在刹那间,儿子从床底下爬了出来。孩子激动地对他说道:"爸爸! 你走了以后,有一条大蟒窜到屋里,我好害怕啊! 幸好有我们的狗保护我,它们开始打架……后来,可怕的蟒终于被它咬死了……"

"什么? 你说什么?"

猎人陷入极度的懊悔之中。为了记念他的忠实的朋友,他在河边修了一座塔,把那条狗埋在了塔下面。

这个故事也许已经离我们很久远了。当我们来到这座塔前,我们会思考些什么呢?

我们会想到人。

人是社会的人。人具有自己的主体精神,但只有当人同别的自我存在、别的意识发生交往中,人的主体精神才是真实的。每个人都不可避免地有社会交往活动,这是基础的、本质的和必须的活动,这也是人和其它生物的区别之一。人与人之间、人与别的存在物(例如一条狗)之间的交往,每个人都是按照其主体精神指向,产生好恶、真假等等情感的。维系交往活动的最为重要的条件是相互间的信任。

有位学者曾说:"友情是独立人格之间的互相呼应和确认,它使我们独而不孤，互相解读自己存在的意义。所谓朋友，就是互相使对方活得更加温暖、更加自在的那人。"

人和狗之间的友谊和信任，文学作品中不乏其例。俄国作家屠格涅夫的《木木》是人们所熟知的。它讲述的是一位聋哑的农奴盖拉新和一条名叫木木的狗之间的令人震撼的友情的故事。木木被农奴盖拉新辛勤抚养，它对主人非常忠诚，而盖拉新也因为有木木而使他"非常满意自己的命运"。盖拉新与木木之间的精神联系无疑就是信任。聋哑人和一条狗之间的爱是无言的，但也是一种深沉的爱。不幸的是这种爱最终却使木木毁灭于此。当木木被冷酷的女主人处以"死刑"时，盖拉新非常痛苦，因为他将亲手把它沉入河底淹死。大难临头时木木对它的主人还是那么忠诚："它信任地而且没有一点恐惧地回看他，轻轻地摇着尾巴。"这使我们想起另一条可怜的小狗，法国作家莫泊桑笔下的比洛埃。它的命运也许还不如木木，因为它与主人之间谈不上信任。我们仿佛还能听到比洛埃被人抛进深坑处死时那凄厉的叫声。

■ 赏 析

维系人类交往活动的纽带是相互间的信任。信任使人与人之间的距离缩短，使这个世界变得温暖而透明。信任是一切纯真感情产生的基础，是爱的最重要组成部分。

缺乏信任的人生是可悲的，以疑虑、猜忌、叵测之心度量别人，最终只能使自己陷于孤立，陷于晦暗的境地，惶惶不可终日。

想使自己活得"更加温暖、更加自在"吗？那就请你首先学会信任别人。

心中有爱

>> 吴　庆

　　爱的正面是美，爱的背面是善，爱的中心是真，以诚相待是爱的基础。

　　爱是一个古老的话题，也是一个新鲜的话题。

　　爱是一种情感，不是一种欲望；爱是一种给予，不是一种索取；

　　爱不仅仅是男女之爱，还有父母之爱、兄妹之爱、朋友之爱。师生之爱、民族之爱、爱国之爱。

　　男人的爱热烈而粗犷，女人的爱细腻而缠绵，父母的爱深沉而宽广，师长的爱崇高而伟大。

　　爱是一团火，即耗尽自己的青春，给人以温暖和幸福，纵然苦涩也是甜蜜；爱是一阵春风，枯木逢春，也绽一树新芽；爱是一池春水，水波荡处，揉皱双双倩影；爱到深处，你就是我，我就是你；爱是一株杨柳，脉脉含情，欲说还休，条条枝叶、丝丝真情；爱是一朵带刺的玫瑰，只有中意的人儿才可采摘。

　　爱的正面是美，爱的背面是善，爱的中心是真，以诚相待是爱的基础。

　　少女因爱而美丽，人际因爱而和谐，心胸因爱而宽广。

　　心中有一份爱，令生活更加美好，身边有一份爱，令阳光更加明媚。

　　爱是一个古老而又古老的话题，爱是一个新鲜而又新鲜的话题。

　　人类已经爱了很久，人们还将爱下去，真爱得彩霞满天。

■ 赏 析

　　爱是灵魂与灵魂的相遇，是一种"情感"和"给予"。

　　失去爱的人生是黯淡的，因为它缺乏内心的激流和生命的阳光，它在拥挤、困狭的氛围之中生存着，挣扎着，并最终迷失自己。

生活会因爱而活泼起来，生命会因爱而真实起来，世界会因爱而明净起来……

让爱的情感滋养我们的血液，让我们于富足的爱中享受生命的每一分钟。

爱是一种美丽……

烟雨江山

>> 胡双庆

江水滔滔，岁月悠悠，人生的长空本就是一江烟雨，满河长风。行囊空空，却又负荷沉重。唯一可以慰藉心灵的，只有真诚，只有心弦共鸣出的天籁之声。

细雨霏霏，浩淼混浊的江水和两岸绵亘的山峦都笼罩在一片溟口之中。云霭低垂，心便在压抑中噤若寒蝉。我恍然觉得自己是一片江上的浮萍，在无主地漂游了。

已是近午时分，我似乎已忘却了饥饿，惟余大脑中无涯的苍茫。

横空的长笛撕裂了烟雨江山的凝固画面，长江如一尾大鲸，狂怒地撞击着两岸的山石。冷色的苍茫中，袅袅地忽有一个颀长温存的倩影飘至我的面前。

"你饿吗？"她问，目光里涌动着一泉无言的关爱。

"我……"

沉默。

沉默中，我随了她去餐厅。她在我前面像一面高大的屏风遮蔽了我心中的云雨江风。

餐厅里进餐的人多已散去，因此使空间便极度地广阔和空寂。

我们坐在临窗的餐桌前，眺望流水，任凭破窗而入的江风揉搓着心中的那只绿苹果，是的，那只漂浮于我生命岁月里的绿苹果。

久久，无言。

终于，她为我斟上啤酒，举起杯，我们心照不宣，饮尽了。

"想家吗？"我问，不知是客套还是潜意识中流淌出的关怀。

"想儿子。"她答。

我见过她的儿子，六岁，极可爱的一个男孩。

"不知他也想我吗？"

"会的。"

是的，那个调皮的小家伙是应该想起我的，他特爱听我给他讲故事，我能清晰地回忆起他坐在我腿上听我讲故事的认真神态和他身上童稚的体温，"叔叔，给我再讲一个。"那乞求的眼光和那略带沙哑的声音，似犹在眼前凝注，在耳畔回响……

便有一缕温馨芳菲着我。

斟酒，这次是我给她斟，目光对接，心就蓦地颤栗起来，举杯饮尽。

"你呢？想你爱人吗？"

我默然。旅行已达七天，我唯一的感觉是自己从一所紧闭的矮房子里解脱了，像鸟那样展翅飞翔。

她没再说什么，又是久久沉默。

"也许我们都需要真诚。"我说，望着他。

"是的，真诚。"她点点头，目光如一泓涧泉洗在我的脸上，良久，她说，"叫我一声姐姐吧。"

姐姐……

我的眼睛潮润了，是的，她多像一位大姐姐，一个体察我心灵孤独的长者（尽管我并不愿使用这样的称谓）。我们都是疲惫的旅人，心灵上都有一个难以弥合的创口。为此，我们才结伴同行。这世界上，也许我们都有一千个理由怀疑爱情，可你却不能抗拒真诚。

足够了。

江水滔滔，岁月悠悠，人生的长空本就是一江烟雨，满河长风。行囊空空，却又负荷沉重。唯一可以慰藉心灵的，只有真诚，只有心弦共鸣出的天籁之声。

"回吧？"

"回吧。"

岸已不远，我突然泪流满面，"姐姐！"我用心唤道。江山无言，而浪正澎湃，船正在颠簸中寻找着航行的支点……

■ 赏 析

文学是人学，写人，写人性，写人深层次的一些理念及行为的思考。我们惊喜地看到一个个有追求的作家，开展了这方面的新的探索，他们从简单的写意，开始向人文的方向拓展，从袒露的故事向人物内心世界的开掘是文学深层意义上的回归。围绕着人去寻找一种意境，寻找种种人迹，是表达深邃蕴涵的趋动力。

作品对人物内心的刻画，细腻中颇见匠心，在"写意"中又见"工笔"，让人读来平添了许多情感的神韵，艺术上的探索是成功的。

■ 朋 友

>> 王 默

他欣赏世界的每一点，美与丑他统统接受，他永不停止的嘲弄这个世界却又永远无法扼制地发自内心地迷恋着这个世界。

岩是一个老成却不让人感到沉闷的人，他总是有办法自娱自乐。他总是嘲笑自己，嘲笑别人，嘲笑这个浮躁喧嚣的世界。然而，他也总是如此执著地对这个世界抱有一丝认真的态度。他总可以毫不迟疑地去认同这个世界，面对这个世界。他喜欢这个世界上的每一点让人不能轻易接受的东西，并把它们信奉至上——虚伪，夸张，残忍，怜悯，而且总可以把这些东西解释得恰到好处。

岩对我来说是一个知音。在我可怜兮兮地弹奏着自己动乱混浊的音符时，他总是细细地听着。这个人永远会在你最需要的时候站出来扮演一个你最需要的角色，而且他会诚心诚意地入戏，哪怕那不关己事。喜欢和岩说话，我可以直言不讳地说，不管那满天碎纸片飞似的流言。和他说话可以暴露出我的一些缺点，却也丝毫不让虚荣的我感到一点难堪和痛苦。他认同我，亦了解我。我笑过："岩就是岩，总能说出一些表扬人的不知真假的话，让我屁颠颠的不知怎么笑才好！"

人就是人，和别人谈话无需都是为了获得别人的认同。我也脱不开这个命定的范畴。和岩说话，也就正好满足了我这点小小的奢望——他总会不顾一切地批评我一番，然后再鼓励我想干什么就干什么。这就是我理想的知己。不知从哪本杂志上翻到过这么一句话："女朋友最多只能了解，却不能安慰，所以女人还要交男的朋友。"我笑了，岩不就是这么一个人吗？

岩是有一颗童心的，怪不得我那么甘心于做他的妹妹。看到他和别的孩子谈天，不经意地看到他那近乎于透明的笑，才发现原来童心与自然这两样东西在他身上都保存得那样完好。他也始终还是个孩子，一个自以为老成的孩子，懂我的意思吧！

我惊异过为什么岩看的总比我远。他欣赏世界的每一点，美与丑他统统接受，他永不停止的嘲弄这个世界却又永远无法扼制地发自内心地迷恋着这个世界。

岩的看法从不轻易改变，他是一个一心一意，专一到不可思议的大男孩。当他做了一件事，事情也确实如此了，的的确确就是这样了，他也不隐藏。对了就是对了，错了就是错了，他都是坦然面对。世事如此尴尬，在这面前，他坚定镇静的一如一个成熟的长辈。

但岩毕竟也只是个普通的男孩，他的胆子确实不大，他也会心虚却故作勇敢，强装得一脸满不在乎，而实际却打肿了脸充胖子——慌张得厉害。

岩也会不经大脑地说出一些话，做一些令自己前思后想都觉得不对劲儿的事情，我也会的。但好在他或我都不是个记仇的人，所以时至今日，我们仍一直保存着一丝淡淡的友谊，不是刎颈之交，也不常常煲电话粥，只是他有事的时候就到我的座位前坐一坐，说一说。我并不觉得他那是在利用我或是别的什么的，他有事我就尽心尽力地去听，全心全意地去做。他在我面前俨然一个哥哥，或者说是像姐夫和小姨子之间的关系。我心烦的时候也会借岩来做顶事板，他也不在意。一直就这样，君子之交淡如水，像是住在偌大的城两头的两个人，彼此都知道对方好好的活着，偶尔会在拥挤的逃亡者的人流中相遇。如果两个人身边都没有人，便会很默契地相约去咖啡屋里品一杯清咖啡，聊叙近事，暂忘烦忧，然后再各走各的路，直至下次再有烦心事，再次偶遇。如果彼此身边都有人，就互道一声"嗨"，然后走开，为对方祝福。

我和岩就像是两个堆砌自己美丽却又虚幻的积木孩子，费了很大的力气盖好层层金丝楠木的殿宇后却毫不吝惜，不假思索地无端地推掉它，只为了一时的无忧，无搅拌和洒脱，为了那种淋漓尽致的没有罪恶感的破坏和幸灾乐祸。梦想的充其量就只是梦想，不是全部，因为我们都瞧不起眼泪兮兮地望着一堆残垣断壁的孩子，因为我们都很会平衡理想与现实的天平座，因为我们都是充满理智却又不乏激情的人。我们还都是早熟的孩子，所以可以尽情地去嘲弄别人的矫情、天真与世故。

我们都在自己的领域内恣意地挥霍着青春，任性。青春一去不回，能当吃饭的时候为什么不吃呢。

我喜欢当着岩的面想那些林林总总的小事，说那些林林总总的小事，岩不会骂我鸡婆，我也会好心好意地奉承岩几句。岩是个难琢磨的人，我是个很表面化的人，不过好在我很年轻。

我和岩的友谊就像是一个平面内的两条平行线（铁轨），不用担心有相交的危险，就那样的配合着，任时间的列车在我们身上呼啸而过。它不会翻车。

■ 赏 析

相互投入，相互默契，相互关爱，相互独立——这就是朋友之间全部的内涵。

常说：君子之间淡如水。但尽管平淡，尽管"不是刎颈之交"，这其中却时时翻动着纯净的透明的浪花，时时会给人一种淡淡的幽香和甜甜的回忆。

驳杂尘世，知己有几？保持那份天真，保持那份真诚，倾心地与友人交谈，"聊叙近事，暂忘烦忧"，这该是何等快意之事啊！

保持一份友情。保持两颗童心。

人生得一知己足矣

>> 夏 颖

一杯茶、一夕谈都能相互慰藉、启迪，使人头脑清醒，浑身舒畅。"人生得一知己足矣，斯世当以同怀视之。"

好多人都有过这样的体会，当自己碰上了喜怒哀恐的事情心情特别激动时，总想找个人聊一聊。或分享快乐，或心里舒服。可往往这样的谈话对象并不好找；找家里的人说吧，又怕家里人替自己担心；找同学同事说吧，人家都挺忙不好意思打搅；找老师领导说吧，万一对方误解了自己的意思，产生了不好的印象，那就更糟糕了。想来想去，算了吧，还是自己憋在心里对谁也不讲了。

如果想说的事情是快乐高兴的那还没关系，你就一个人偷着乐吧。不幸的是，往往有些想倾诉的内容并不是那么使人愉快，比如惹你生气愤怒的事；让你悲哀压抑的事；或者是恐惧害怕的事，等等。碰到这些痛心倒霉的事情，多想能找个安静地方，有个人能耐心地听你诉说，然后能理解你的心情和处境，站在客观的立场上替你出出主意、想想办法，真诚地帮你一把。人在这时候才真真切切地感到有朋友，特别是知己朋友的重要了。

中国古代春秋时期有个官员名叫俞伯牙，他鼓琴抒发自己的情感，砍柴的樵夫钟子期听出了他志在高山流水的弦外之音，二人结为莫逆之交。钟子期死后，伯牙将琴摔掉，称世无知音，从此不复弹琴，真是弦断有谁听呢。医学和心理学家都观察到，如果人长期处于不良情绪控制之下，除了自己的情绪和行为改变外，还会得许多心身疾病，轻的像神经性皮炎，重的像支气管哮喘等，甚至可以诱发癌症。"文革"期间不少知名学者和政治家相继因患癌谢世，很可能是与他们长期心情不平静又不能宣泄所致。

有人曾经调查过当代大学生的"需要"种类，排在第三位的就是友谊需要。朋友可以交很多也可以交不多。前者是一般生活工作中的朋友，不一定很知心。而后者，一般来说比较知心，有较深入的人生观、世界观基础，彼此的契合点多，是淡淡如水的君之子交。一杯茶、一夕谈都能相互慰藉、启迪，使人头脑清醒，浑身舒畅。古人有云"士为知己者死"。唐代诗人王勃也写道："海内存知己，天涯若比邻。"鲁迅先生生前与瞿秋白结为莫逆，他在赠给瞿秋白的对联中写道："人生得一知己足矣，斯世当以同怀视之。"对知己的珍视若此，难道对我们不是一种启发吗？

■ 赏 析

要是有气儿没处撒，有苦没处诉，有愁没处讲，有火没处泄，统统憋在肚里，天长地久，还真怕憋出点儿病来。能找个人聊聊，聊以慰藉，图个"心里舒服"，可找谁呢？朋友千千万，知己有几人呢？看来，活在世上，要真想找个"有较深入的人生观、世界观基础，彼此的契合点多"的"君子"来，还真是少哩！

不要一张嘴就说哥们儿兄弟满天飞，若是你真有难处，还不定有人来帮你呢？不信？走着瞧呗……

宽 容

>> 吕佳清

请用真挚的手，接过我生命的花。它，将在你的心坎里散发出爱的芬芳。只要用热情和希望去珍惜，这爱的芳香就永远在你心中洋溢。

在开始今天的演讲之前，我先讲一件事：前两天，我把王春伟同学的笔袋弄丢了，心里真的很内疚，尽管当时我并未向他道歉。我想王春伟同学一定很生气，至少也会有一些想法。然而怪了，第二天他竟同我谈笑依旧，丝毫没有责怪的意思。他对我讲，弄丢笔袋事小，同学之间的情谊却大，为了这只笔袋伤了感情是不值得的。更何况我也不是故意的。

我非常感激王春伟同学对我的宽容。细想生活中很多纠葛也是这样的，如果能够多为对方着想，能够对别人的错误加以谅解，你便走出了宽容的第一步。

有句耳熟能详的名言："天空是广阔的，而比天空更广阔的是人的心灵。"耳根似乎已经听出老茧，可我们往往只是语言上的巨人，行动上的矮子，生活中又有几人有吐纳百川之气魄胸怀呢？

我曾同一位人称极有家教的女孩子一起乘出租车，因为司机开错了路线，她就绷起脸，给司机脸色看。我惶惑了，也许在社交场合我的谈吐不如她来得温文尔雅，然而，就在司机再三道歉的那一刻，我只是发自内心地说了一句："算了，不要紧的。"或许他对这一带的地形不熟，或许他一时粗心开错了路口，总之，他的工作是开车，正如我们的工作是读书一样，我们糊里糊涂在考卷上失去的分数尚且不少，又为什么要去苛求一个普通的出租车司机，一味地把他往坏处想呢？

可见，宽容虽然只是简单的两个字，可它毕竟有别于"笑不露齿"这一类可以短期训练的行为。宽容，是要用心去理解别人。学会设身处地，宽容才能浸润你的心灵。

刚才我已讲过，谅解只是宽容的第一步。那么深一层意义上的宽容呢？我们常要同一些自己并不喜欢的人打交道，我们也常说："这个人我看不惯。"于是导致你同某人格格不入，这一切往往是性格上的不合造成的。我想，有时人与人之间的一层蔽障也正是由于彼此不能包容对方的性格或处事方式，然而试想性格上的不合其错究竟在谁？也许根本就没有谁对谁错，问题只在于你的日益膨胀的自我身边是否仍留有空间给其他人？如果一味要求别人来迎合你，让你看得惯的话，那么就是自私和专制在作梗。如果你学会说："这个人我看不惯，然而他也有他选择的权利。"那么，你也就走出了宽容的第二步。

但是，宽容最难达到的境界还在于容得下别人比自己好。大家一定会问："宽容嘛，顶多只是容忍别人的缺点，允许不同于自身的东西存在，和别人的优点有什么关系？"

其实，我们最无力守住的正是这最后一道防线——嫉妒。他为什么这么好？他凭什么比我好？如果你这样对自己说，那么，跟好多人一样，你也得了红眼病。处方嘛，也只有——宽容。试想，大千世界能力在你之上者数不胜数，成功是付出的所得，那你又凭什么比他好呢？我以为，一步一个脚印走在你之前的人应该得到你的敬重，如果狭窄的心胸容不下比你优秀的人，内心一味只敬重你自己，那么你将永远不能超越别人、超越自我。

我们的的确确应该具备宽容的良好修养，然而一味地宽容，失去了原则，也可能从宽容滑向纵容。那么"宽容"与"纵容"的界线应如何划分呢？当是非明确时，一切不言而喻；可在某些情况下这个分寸又是极难把握的，因此，要完全掌握人生这本大书中"宽容"这一节仍是不易的呀！

■ 赏 析

"宽容"不是一个新话题，但作者关于这个老话题的课前演讲却使全班同学动容。热烈的掌声不仅来自于对她极生动、极有气势的说话姿态的欣赏、肯定，更来自于她对这个老话题的深一层的诠释。从"谅解"讲到"容得下别人比自己好"，她对宽容的思考一步一步深入，向我们展示了她较强的思辩能力和对生活的理解、感悟。除此之外，开头所举的事例和结尾提出的问题也极好地起到了吸引听众、启示听众再思考的作用。

■ 美丽瞬间

>> 刘　墉

朋友，你认识自己的角色吗？你对自己的演出满意吗？你对自己的角色有把握吗？你能坦然无惧地向生命的主宰——这位公义全能的上帝，呈献你一生的演出吗？

夜深了，我在看报——我老是等到深夜才有空看报，渐渐的，觉得自己不是在看新闻，而是在读历史。

美联社的消息，美国乔治亚州，一个属于 WTOC 的电视台摄影记者，名叫柏格，二十三岁，正背着精良的器材去抢一则新闻，新闻的内容是"警察救投水女子"。如果拍得好——不管救人的结果是成功或失败——都够精彩刺激的。

凌晨三时，他站在沙凡河岸上，九月下旬，是已凉天气了，他的镜头对准河水，对准女子，对准警察投下的救生圈，一切紧张的情节都在灵敏的、高感度的胶卷中进行。至于年轻的记者，他自己是安全妥当的。

可是，突然间，事情有了变化。

柏格发现镜头中的那女子根本无法抓住救生圈——并不是有了救生圈溺水的人就会自然获救的。柏格当下把摄影机一丢，急急跳下河去，游了四十公尺，把挣扎中的女人救了上来。"我一弄清楚他们救不起她来，就不假思索地往河里跳下去。她在那里，她情况危急，我去救她，这是最自然不过的事。"他说。

那天清晨，他空手回到电视台，他没有拍到新闻，他自己成了新闻。

我放下报纸望着窗外的夜色出神，故事前半部的那个记者，多像我和我所熟悉的朋友啊！拥有专业人才的资格，手里拿着精良准确的器材，负责描摹记录纷然杂陈的世态，客观冷静，按时交件，工作效率惊人且无懈可击。

而今夜的柏格却是另一种旧识，怎样的旧识呢？是线装书里说的人溺已溺的古老典型啊！学院的训练无非的归纳、演绎、分析、比较中兜圈了，但沙凡纳河上的那记者却纵身一跃，在凌晨的寒波中抢回一条几乎僵冷的生命——整个晚上我觉得暖和而安全，仿佛被救的是我，我那本质上容易负伤的沉浮在回流中的一颗心。整个故事虽然发生在一条我所不认识的河上，虽然是一个我所不认识的人救了另一个我所不认识的人，但接住了那温煦美丽眼神的，却是我啊！

 赏 析

柏格放下摄影机投入水中的镜头时时映在"我"的眼前，对于"我"这个已经熟谙"纷然杂陈的世态"，且于现代的洪水之中迷失自己的人来说，无疑是重新看到了"那温煦美丽的眼神"。

在这个到处充满猜忌、疑虑的社会，人与人之间的距离似乎在渐行渐远，大家各自奔忙着，仔细整莳着自己手中的一个个日子，他们缺乏关爱，当然，他们也很少关爱别人。

试想：缺乏关爱的社会该是一个什么样的社会呢？

试想：柏格的举动是否触动了你那颗"负伤的沉浮在回流中的"心？

感谢生活

走向大海

>> 林平良

现实的困境与流年里，我们是那么迷茫、那么脆弱、那么渺小。感谢大海，啊！大海，是他的雄浑而悲壮的宏言，是他那达观而孤独的灵魂拯救了我们，让我们走出狭隘，走出迷茫，走出深渊，而更加勇敢，更加深沉地面对坎坷而无常的人生。

A

南方的太阳下，这一片无垠无涯的蓝蔚，是如此美丽，如此迷人，如此引人深思。大海是以什么力量净化了一切的苦水？告诉我们吧！可大海依旧沉默无言，让我们不顾领略大海那看不见、摸不清的内心世界。也许今生今世，我们都永远无法破译他的沉默，也许也无法读懂他的朗笑。

B

那些台风、海啸、狂涛，积淀了大海多少苦难与痛楚？曾经承受无数暴风雨，也曾经忍受无尽的沧桑，可大海依然充满迷人的情怀与气度，可以容纳天下一切的悲欢离合、酸甜苦辣。也可以接纳众生，包容生命伟大与渺小，光明与黑暗，现实与虚幻，让一切生灵自由自在地活着，呼吸，活动。正气浩荡粗犷的涛音压倒一切，而弥漫远久远久，给予天空，给予大地，给予森林，给予人类。这正是令无数生命膜拜和感动的缘故，是因为大海拥有一颗超越苦难的坦荡之心。

C

在达观的坦荡的大海里，我们忘却了生活的苦恼、命运的悲寂、爱情的孤独。我们很想变成一群游鱼，游翔在常新的波峰浪谷里，向远方自由自在地游翔……是大海引领我们飞向更宽阔的、更浩瀚的、更蔚蓝的疆域。

D

现实的困境与流年里，我们是那么迷茫、那么脆弱、那么渺小。感谢大海，啊！大海，是他的雄浑而悲壮的宏言，是他那达观而孤独的灵魂拯救了我们，让我们走出狭隘，走出迷茫，走出深渊，而更加勇敢，更加深沉地面对坎坷而无常的人生。

E

仿佛是千年的预约，我们为什么如此依恋着大海，而大海又是如此逼真，如此及时向我们飘来，给我们力量、信念和思想，我们深切感受到大海与我们难分难舍。

无论在天涯或海角，无论在白昼或黑夜，我们都可以隐约聆听到大海深沉而又熟稔的召唤。

哦，大海，他是万物之主！今生今世，我们将为他呈献一切的赞颂。

我们选择了大海，也选择了坦荡与达观。

我们选择了大海，也选择了冒险与抗争。

■ 赏 析

大海，是生命起源的地方，也就注定要给生命以启迪。

大海的沉默，让我们领略到了她的神秘；大海的怒涛，让我们体会到了她的伟力；而大海所拥有的那颗超越苦难的坦荡之心，却足可以促使我们"忘却了生活的苦恼，命运的悲寂、爱情的孤独"。

走向大海，生命就不再迷惘。

解读大海，生命就无所畏惧。

十一只康乃馨

>> 章 苒

在父母的眼中，孩子常是自我的一部分，子女是他理想自我再来一次的机会。

今天是母亲节，五月的第一个星期天，也是我们留在澳洲的最后一年。我和弟弟一直想送妈妈一打康乃馨，我们整整一个月光顾游戏机室，终于有了小小一笔钱。

下午，当我和弟弟兴冲冲地打算去买礼物时，却发现了一桩糟糕的事情，我把攒的那笔钱给丢了。"我记得是放在上衣口袋里的。"我惊慌失措地说，弟弟已经快要哭起来了。

我们俩翻遍了上衣口袋，都不见那钱的影子——在我们的计划中，那钱够买一打包装精美的康乃馨和一大块巧克力。所有的希望都断绝之后，我们决定马上上附近的花店去打临时工，在节日里，花店是需要一些送花小工的。

休斯太太的花店，就在学校边上。她是两个女儿的母亲。我和弟弟都相信她会给我们一些帮助的。

老板娘正在忙着招呼顾客。在她身后，全是新鲜的康乃馨，小上主店铺弥漫着一种馨香。

"买花吗？"漂亮的老板看见了我们，"素色的康乃馨，送给你们的妈妈。"

"是的，噢——不，我们是想找一份工做，您这儿还缺人手吗？——我们打算用自己挣的钱给妈妈买一份礼物呢。"

"好孩子，你们等一等，就会有活儿干的——哦，瞧——"老板娘从一位先生手中接过扎好的一束花，打上蝴蝶结，附上地址交给我们；接着又有人电话来订花。不一会儿，我和弟弟都有了满满一筐子待送的鲜花；我们把筐子挂在自行车前，骑车出发了。

"能不能向收到鲜花的母亲们要一支？"当我们看到我们的第一位主顾收到我们送去的花花后幸福快乐的样子时，我突然产生了这样一个想法: "这个办法一定行, 谁不愿意将幸福与人分享呢? 况且我们可以不要小费。" 弟弟也说。于是第二位主顾收下鲜花后, 我鼓足了勇气说道: "是真的, 太太, 你要相信我们, 我们就要离开澳大利亚, 爸爸带我们回中国, 可是妈妈有事没法走, 这是我们跟妈妈在这里过的最后一个母亲节——你知道我们多想送妈妈一束康乃馨, 叫妈妈开心。"

一口气说了这么多, 我自己也奇怪, 待到这位好心的太太出人意料又如我所愿地递给我一支漂亮的康乃馨时, 我红着脸竟不知道该怎样表示感谢。

三个钟头内我们跑了大半个堪伯宁, 累得气喘吁吁, 却异常兴奋, 因为每一位接受礼物的母亲, 在听我们的解释之后, 都乐意只留下十一支康乃馨。而让我们选取一朵最漂亮的。

桑费尔德区, 格林伍治街, 72 号……我按着地址按响了门铃。这是最后一位主顾。

开门的是位老太太, 披着针织的披肩。见到我手中的花, 就先笑了。

"谢谢!" 她接过花, 长长地闻了一下, 带点骄傲地告诉我们: "我儿子再忙也记得今天这个日子的, 我已经有二十七张烫金的收据了。" 说着就掏出小费。

"不。" 我说, "我只希望你能允许我在这束康乃馨中挑一朵。我只要一朵, 可以吗?"

"噢, 当然, 如果你需要的话。" 老太太显得很惊讶, "可是, 你要它做什么呢?" "送给妈妈。" 并说我们已经有十支了, 就要实现我们的计划了。

老太太听完我叙述, 就从花束中挑出一朵最漂亮的, 交给我说: "多好的孩子, 快回去吧。我祝福你们的妈妈。"

近傍晚了, 我们快乐地回到家, 送给妈妈的, 也是十一支康乃馨。

■ 赏 析

如果说, 要在人生间寻求一个最伟大而深情的称呼, 那么, 这个称呼一定是母亲; 如果说, 要在人世间寻求一种最博大而无私的爱, 那么, 这种爱一定是母爱。天下的母亲都是一样的, 每一位母亲都在深情地爱着她的孩子。

　　母亲节，是注定要为母亲而存在的，母亲对孩子的一生，是奉献的一生，不求回报，但孩子们不忘忘记她，母亲节的设立便是最好的证明。朋友们，在每年的母亲节来临的那天，你想到要问你的母亲送份礼物了吗？

乌 塔

>> 王晓洁

既然不论是面对死亡，还是面对个人灾难，人生中总有一段黑的路要我们独自去走，那就让我们挽起自己的胳膊上路吧。假如我们能成为自己的魔鬼使自己堕落，我们也一定能成为自己的上帝拯救自己。

我是在罗马认识乌塔的。

那天，我从威尼斯坐了整整八小时夜行列车到罗马，冒着暑气赶到市郊的青年旅馆，已经筋疲力尽了。找到自己的房间推门一看，吃了一惊，正对门的地上放了一床席梦思，上面躺着一个金发小姑娘，睡得正香。

这是一间约三十平方米的屋子，放了八张双层铁床。每张床配了一只小柜。屋里除了这个小姑娘没有别人。我的床是靠门右边的上铺，下铺胡乱摊着背包、浴巾、睡衣、毛巾等，看来这张铺就是小姑娘的，可能是怕热吧，她把床垫搬到地上睡。

我匆匆洗漱完毕，想抓紧时间躺一会儿。

不知过了多久，一阵阵"丁零零"的闹钟声惊醒了我，睡眼朦胧地看看表，下午两点半了。小姑娘已经起身，一边收拾枕边的小闹钟，一边用结结巴巴的英语问我："我要出去玩了，你呢？"我翻身起来："我也要出去。""你去哪里？""梵蒂冈，你呢？""我已经去过了，今天去市中心。"说话间，她已经穿好了黑T恤和牛仔裤、白球鞋，从柜子里取出一大瓶矿泉水装进背包，告诉我："罗马很热，街上小摊卖的冰淇淋和水都很贵，你要到超级市场去买。"

晚上八点多，我才疲倦地回到旅馆。小姑娘已经回来了，惬意地趴在床垫上，一边吃糖，一边看一本厚厚的书。

她一见我，立即坐起来打招呼，问我玩得怎样，又问我从哪里来。我说是中国人，现旅居德国。她一听，高兴得大叫："我是德国人，住在汉堡，你会说德语吗？"她听我能说一些德语，马上拿糖请我吃，告诉我她叫乌塔，在读小学，已经十二岁了。这次趁暑假游历欧洲。已去了法国、瑞士、奥地利，在意大利玩了威尼斯、米兰、佛罗伦萨，以后还要去波恩，然后去希腊。哟，这么长的旅程，我有点惊讶："你一个人吗？""当然。"她说。又说她是乘火车旅行，因为年纪小，可以享受特殊优惠，买一张全欧洲旅行联票，不到四百马克。

一个十二岁的小学生，独自一人游欧洲，如果不是亲自碰见，我决不相信。我问乌塔："你一人不怕危险吗？你爸爸妈妈不担心你吗？"

乌塔说她在家里就设计好了旅行路线和日程，每到一地就先查警察局的电话号码，以便遭到危险和困难时请求帮助。然后给家里拨个电话或寄张明信片。说到这里，她又搬出一摞书给我看，全是欧洲各国的旅游指南，每个国家都是厚厚一册，介绍十分详细。"对照着看，就像教师带我一起玩。"乌塔说。为了这次旅行她准备了整整三年，读了有关这些国家的书籍，每个周末去帮餐馆或超级市场送广告，假期到别人家里陪儿童玩。"都是你自己挣的钱吗？"我很吃惊。"我挣的只够一半，爸爸给了另一半，不过我买的礼物都是用自己的钱。"她问我，中国的孩子们是不是也这样旅游。我一时语塞，想了一会儿，才说："在中国，像你们这样年纪的孩子都是家里的宝贝，爸爸妈妈、爷爷奶奶很爱他们，会带他们一起出去玩，但不放心让他们一个人出远门。"

不料乌塔对我这番解释很不满意，马上反驳说："我也是家里的宝贝，爸爸妈妈、爷爷奶奶也很爱我，我们也经常一起旅行。不过我们的兴趣不同，妈妈喜欢音乐会和漂亮衣服，爸爸喜欢博物馆，我喜欢看有雕刻的老房子，所以我们也一起出去玩，也单独出去玩。爱他们，为什么就不让他们单独出门？我不明白，你的话没有逻辑。"

不愧是德国人，连小孩子都知道"逻辑"这个词。我只好笑着承认自己的理由不恰当，又告诉她中国很大很大，从北方乘火车到南方要四五天，中国的火车也挤，必须对号入座，有时人还得站着。中国的银行没有欧洲这么多，自动取款机很少，所以是一件麻烦事，小孩子单独不能胜任。

第二天早晨，乌塔向我道别。说她晚上坐火车去波恩。又问我："我以后想去中国，那要很多很多钱才行吧？"

■ 赏 析

从这篇文章里，我找到了独立的影子。

独立，是一个人的处世之本，如果一个人不能够独立地活着，那么他的一生也必将黯淡无光；反之，如果一个人有很强的独立能力，那么他 12 岁就可以单身游欧洲。

俗话说，百闻不如一见。朋友们，何不尽快地自立起来，去尽情地体会这个世界呢？须知，从电视和书本认识世界总不完美。

你做好准备了吗？

伤心的苹果

>> 张　爽

我相信，一旦认定自己无须按别人的意图做事以至为别人的饶舌而活着时，多少也算从失败的黑洞里超越出来了。

我十二岁的那年秋天，终于找到了一份工作。母亲从别人那里借了三百块钱，替我交了押金，把我送进了城里的一家工厂做工。

我知道自己这份工作的来之不易，所以便处处谨慎小心。因为经历过太多底层生活的挣扎与竞争，也知道在谨小慎微的谦恭中展示自己。

母亲说："你留中午吃吧，你要不吃，就拿给你们厂长尝尝。他若不嫌，你就告诉他，咱家的苹果给他留两筐呢，省他过节时再买！"

母亲的话让我一震，难道是她从我脸上看出什么来了……我不敢再看母亲，低下头去喝水，可我分明感到有两滴咸咸的东西也流进了嘴里。那是我流出的泪。幸亏母亲又转身叠被去了，没有发现。

那天早晨，天可真冷。我穿着厚厚的棉衣，可仍感到寒风像无数把小刀硬往人的脸上割，被风吹过的皮肤火辣辣疼。可我什么都不顾了，只是伏着身子骑车。到厂时，厂长昨晚值班刚刚起来。我进去给他收拾房间。见他气色不比昨天，还问我早，就适时地把揣在内衣袋里的两只苹果（那一只我也没舍得吃）送给了他，还说这是自己早晨省了刷牙吃剩下的。厂长很高兴地接过苹果，说："这苹果颜色不错。"

我就忙趁机说："你尝尝。自家产的苹果味道就是不一般。您若是喜欢，家里还给您留了两筐呢。"

厂长没说什么，叫我到他对面的椅子上坐下来。我便坐了。厂长没看我，他的眼仍停留在苹果上，他有些不好意思地一笑："真对不起……"

厂长这话，让我一惊。我担心被炒到车间的时候终于到来了。我有些不甘心，更感到委屈……可就在我想说些什么的时候，我猛然看到厂长的桌上多出一副水晶眼镜来，和丢的那副一样，都是茶色的。

我小心地问："怎么，您又买了一副？"

"不，还是那副，并没丢，是让老宋戴走了两天，昨晚他出差回来才告诉我，开始，我还以为是……"

"唉，找到就好……这苹果不知您喜欢不？我母亲说，说给您留两筐呢……这苹果……"

我竟有些结巴了。

厂长用手把玩着其中的一只苹果，他已镇定下来，没有了刚才的不好意思："苹果当然很好，真的不错。不过昨天老宋回来已经给我买了几筐红富士，我还特意让他给你留了一筐呢！"

苹果在厂长的手上陀螺般旋转起来。那是厂长一种得心应手的游戏，他的手腕显得十分灵活，苹果飞速地转着，在一根手指上，竟久久不掉。

我再也坐不住了。

逃出厂长室，我冲向厕所。在厕所里，我伤心的哭泣像抽水马桶里的水声一泻而出。为了这两只苹果，我难过了很长很长时间。

赏析

关于"我"的最后结局，大抵有两种：

一、忍辱负重，然后做一个与此厂长不同的领导。"我"不会歧视平凡，不会无端怀疑自己的部下，"我"的眼中充满善意，"我"的心中装满爱。

二、亦是忍辱负重，不过，要做一个与此厂长类似的领导。"我"曾经受到过别人的歧视，"我"的心中充满了报复欲，"我"也要耍一下威风。这种结果的可能性要大些罢！

至于"我"是否会辞职不干，这几乎是不可能的，工作来之不易，不能下岗哟！

好好挺着

>> 魏 风

让我们抬起头来正视自己天空中的乌云与狂风，用搏击的浩气走出阴晦的世界，去开创新世界的绝美风景！

第一次听到这句话时，我正在一家银行贷款。那年，我才十八岁，刚接到一所师范大学的录取通知书。那时，父亲正病重，已在床上躺了一年。弟妹还小，都在中学读书。于是，我这个长子便在万般无奈之下捏着村里的证明到区银行借钱。

接待我的是位五十多岁、头发花白的老伯。他接过我的证明，略微一看，便抬起头细细地打量我。我心中不由惶惑起来，慌乱之中的我只穿了一条旧短裤与一件红背心，脚还赤着。良久，他才淡淡地说："你就是那个才考上大学的？"我轻轻地"嗯"了一声，便低头装着看自己的脚丫。那老伯放下手中的证明，摸着花白的头发在窄窄的室内踱起步来。我慌了，心想这回准借不到钱，先前我曾听人说过，现在向银行借钱要先给红包再给回扣还要找经济担保人。可是我哪来的钱给红包给回扣找谁做担保？我想伸手去拿回证明，因为我事先已想好：万一借不到钱，我便不去读书而去广东打工。我不相信我不能靠自己的双手来养家。

"别动！"一声轻喝吓了我一跳。老伯慢慢踱过来，轻按我的手。"借多少？""起码要三千元。"我知道自己的学费要两千，弟妹俩至少要六百，便轻轻地说了。"三千元？！能要这么多？"老伯惊疑地看着我。"是的，我三兄妹都读书。"老伯便不再说什么，坐在桌边签写着一张发票。

当我捏着一叠钱正准备走时，那位老伯突然走出来，立在我的面前，目光定定地望着我，手搭在我的肩上，用力摇了摇："小伙子，千万要好好挺着，以后的日子还很长。"那时，正是八月下旬，天气很闷热。我望着院外火辣的阳光，再看看手中的钱和那位老伯，泪便滚了下来。

进了学校，办理好一切手续后，我便骑着一辆租来的单车吱吱呀呀地在城里转悠了几天。终于找到了两份找工的差事：替人守书摊和当家庭教师。每周三个下午从一点到五点替人守书摊每周三、周五、周日晚给一个初二的学生辅导功课。守书摊的摊主是个很和善的老头。他说他已摆了近十年书摊准备不摆了，可是他听说了我的境遇后便雇了我说还想再摆几年。我照看书摊很是认真。时间久了，老头便夸我这样的人难得，准会有出息。可是令我伤心的是那个家教学生的母亲却很刁蛮，不管刮风还是下雨，每次她都要求我准时到达。而且不管自己女儿的底子如何，一定要求我将她女儿的成绩提高到某种程度。她还说拿了钱就得办事，就得办好事。委屈的我在一个雨后的中午与书摊的老头说起这事，老头听了，良久才抬起昏花的眼睛，说："再忍一忍，挺一挺吧，以后的日子还很长呢！"没想到在这异域他乡，又一个萍水相逢的人对我意味深长地说出这个"挺"字。我不禁泣然，也暗下决心一定要好好挺着。

大二时，父亲的病慢慢好了起来。这时弟妹也相继接到大学与中专的入学通知书。那天，又是盛夏，我再次赤着脚冒着火辣辣的太阳去那家银行借钱。其时，我的贷款已达万元，银行的领导不想借了，让我往别处想办法。我没说什么，我知道我无法可想。我找到了那位曾给我签过借据的老伯。他没说什么，只将我带到银行主任那儿说借给他吧我担保。我的鼻子一酸，泪再一次流了出来。我知道这万元的巨款若用毕业后那二三百元的工资，就是待到猴年马月也还不清，我更知道届时银行将会对提供担保的人采取一定的措施。但没容我想下去，老伯便牵着我走了。他又一次摇摇我的肩："小伙子，好好挺着，以后的日子还长呢。"

是的，以后的日子还长，我该好好挺着。当去年九月的某天我将穿着一新的弟妹送至远方的城市时，这个信念又一次坚定起来。是的，不管日后的路途如何艰险，不管生活的风雨如何鞭打我稚嫩的双肩，我都不会妥协。就为那些鼓励我好好挺着的人们。我也要选择坚强，好好地挺着。

■ 赏 析

人的一生，不可能一帆风顺，此时，我们需要"好好挺着"。

如果你在黑夜里迷失了方向，那么，就挺着吧，黑夜过后必是黎明；如果你在暴雨中丧失了勇气，那么，就挺着吧，暴雨过后必有彩虹；如果你的人生道路充满磨难，那么，就也挺一挺吧，要相信"苦尽甘来"。

朋友，挺一挺吧！"不管生活中的风雨如何，鞭打你稚嫩的双肩，也要咬一咬牙，挺着！挺过去，前面有艳阳天。

一百二十个雪兵

>> 曾有情

生命纵使让我趴倒 100 次，但我要从 101 次抗争中站起来——这便是热爱的力量。

一条曲曲弯弯的驮路，从远处麻花般扭将过来，又伸向远处。两间土筑陋房，如这条绳上结的疙瘩，牢牢地任野风怎么也解它不开。

一个兵站。

一个西藏兵站。

你被派往兵站，孤单地守在这片无边无际的寂寞里。从你肩章上的一条细杠便可看出你是个新兵，刚刚开始打磨这第一冬的经历。你呼吸着稀薄而生硬的空气，时间真是最难熬的了。"时间该枪毙！"你骂道。每天闲得身上的所有器官都仿佛成了假的一般，除了大声诵读几张陈旧的报纸，让自己的语言功能不至于因为无人对话而丧失，你选择了另一项神圣而充满诗意的活动：推雪兵。于是，你这就来到了屋外的雪坝上，目光均匀地摊开，整个雪兵的巨幅场景就移进你的视区，你开始检阅你的作品，然后再进行新的创作。雪坝上已呼啦啦站了二十多尊英武的雪兵，气宇轩昂，保持着良好的军人姿态，使你心里涌起许多甜蜜。零下三四十度的酷寒把你的构思保质保量地固定下来。用这些作品寄托你的深沉、奇想和情感。

堆雪兵大多在正午。正午的阳光稍稍暖和一些，便于在雪地工作。现在你开始拢雪，你的双手运动着很有弹性，把一堆厚厚的凉凉的积物塑造起来，铸一个高高的雪柱，大约可以分辨出人形之后再作改进与润色，各部位就刻画出精悍。你在雪地找寻了半天，相中一颗光洁的圆石子，掏出小刀，在石子雕出帽徽的坯形：八一、麦穗、天安门、金齿轮。辉煌而神圣的组合，很像。你将帽徽嵌入雪兵的棉帽上，顿时，在你的心谷里有一支思绪的马队纵横驰骋。

你最后一次堆雪兵是在一个下午。寒流压得温度计里那根细细的水银柱一个劲地矮下去。你总是风雨无阻，把自己整个漫避寒冷里，继续作热衷的事业。风雪像疯狗一样撕咬你的全身。你选择好雪兵的站址，开始行动。

当然是由下往上进行啦，你蹲着正塑造雪兵的两条腿。

雪筑的腿长得很快，一会儿你的手就快够不着了，便下意识地往上直身子。你慢慢地用了用劲，膝盖像木头弯了一样拉不直了，你再集中起全身的力量，仍不能起身。你陡然缓过神来：腿冻坏了。

你是新兵，你没有在高寒条件下劳作的经验，停止不动就意味着冻伤冻死。你只觉得开初全身有酷寒在扼杀你的体温，渐渐地就平静了，血液已在膝盖以下凝固，双腿失去了知觉，因而被你忽略。

你想了不少的办法，揉搓、捶打都没有使腿活过来。你面部放射出的青春的光韵转入呆板。你不想死。你和死神本应是谁也不认识谁的两个路人。你年轻轻很有奔头。再说即使要死，也得漂漂亮亮地倒进烈士墓里，死他个光荣，死他个榜样，这样，即使远方亲人眼里每年的这一天都是一个泪盈盈的雨季。也有所安慰啊。于是，你就向这个冰雪世界播洒泪珠，将悲情铺排得很遥远很宽阔……

好久过后，你便收了泪，心里反而畅亮起来。死就死吧，无可奈何，那就绝不能太窝囊。你感到死神的影子在眼前猖狂地舞蹈，由远而近向你逼来。你想该做如今该做的事情。你继续完成你的雪兵。手已够不着多高了，只好在雪堆的双腿上草草地安了一截短短的身子，并匆匆铸了颗头颅。雪兵身体的比例严重失调，个子矮得很有崇高意义，它流露出来的神采却十分威武，你把你所有的阳刚之气与生命都交给了它。雪兵就替你豪迈地站着，给了份合作成功的欣慰。

你将目光从矮个子雪兵身上扩散开去，发现所有雪兵都无比雄壮，藐视风寒，你仿佛听到一首无词的合唱悲壮地响起，凝聚着雪兵，同时也召唤着你，你这时意识到能和这支队伍从形式到内容合成一体是你的福气和造化。

你的心脏已渐渐进入封闭状态，很快就会告别这个世界的一切念头，被完全冻成冰雕。你得赶在这个时刻到来之前设计属于你的含义。你清楚冰冻的持久会给你一个真实的记载。你觉得自然以实人的方式告别堪称上乘，并能与雪兵队伍真正和谐。于是，你缓缓举起右手，小臂朝帽檐方向折叠，向雪兵向这个世界向置你于死地的严寒行最后一个军礼。

你迅速调整脸上的肌肉，修补成一副完好的表情，祥和宁静而又肃穆。

你最后感知的一股冰浪从心际呼地漫过，关闭了整个胸膛。在这瞬间，一切思维都失去了出路，一切的情感都得到巩固。

你成为酷寒的一个优秀的活生生的作品，如你堆的雪兵一样充满活力，并站在一百二十个雪兵队伍之首。一百二十个雪兵如一首一百二十行的诗歌，你是一个年轻而鲜亮的标题，到第二年开山时节，才发表在路人潮湿的眼里……

■ 赏 析

可以想象得出，只有一个人的兵站雪坝上，忽拉拉地闪出一百二十个雪兵，该是何等雄壮的阵容！

一个军人，站在雪兵队列之首，他的表情"完好，祥和宁静而又肃穆"；他的右臂，举手齐眉，向雪兵与雪地行着庄严的军礼。只可惜，他永远都不会醒来了。

他的生命，永远留在了雪山；他的形象，却和他的雪兵一样，成了人们心中永远的雕像。

一元钱的故事

>> 萍　萍

正因为有了这些苦难，我才得有勇气走出家门并在脆弱得不堪一击时，仍然昂着头死死地守着自己那可怜而又不屈的自尊。

一元钱，曾经影响了一个女孩儿二十年的生活。

一九七二年，我读小学一年级，刚刚加入了红小兵。那时候的孩子们总是相约好一块儿上学。

那天，我去一位姓侯的同学家约她上学，她家已聚着五六位同学，她拿出准备交书费的一元钱。第二天下午放学时，老师把头天在侯同学家玩的几位同学都留下了，说侯同学的一元钱丢了。老师挨个问了一遍，没人承认拿钱的事。老师又说："最后谁摸过这个钱？""萍萍摸过这个钱"，一个同学说。"萍萍留下，其他同学可以回了。"

老师再次问我拿钱了没有，我说没拿。老师生气地说："这个钱肯定是你拿的，你这是给红小兵抹黑，你要是不承认，我就把你送到全校红小兵面前让你承认。如果你承认了，我会为你保密的，还让你当红小兵。"小小的我完全吓傻了，我害怕老师，我想当红小兵，我没拿那一块钱，但我哭着承认了。

妈妈被请到学校，妈妈也哭了，拿出一元钱请老师还给人家。我被妈妈一路拉扯着回家。爸爸听了这事说："我知道你不会拿人家钱，我带你找老师说去。"但老师严肃的脸，老师的话浮现在我眼前耳畔，我哭着说是我拿的。爸爸一下跌坐在椅子上。那天他喝了很多酒，几乎醉了。我被罚跪搓板，腿都跪肿了。

老师果真没在班上批评我，我继续当着红小兵。但从此，我害怕老师，害怕那几个同学，害怕上学，所幸的是我学习好，一直是班上第一名。那位老师还是喜欢我的，除那年外，我都是三好学生、中队长。可越是这样我越发担心新同学们知道我是"小偷"这件事。童年的我是怯懦的。我孤独地、小心地保守着这个"秘密"。那时候孩子们最盛行的跳皮筋游戏，我跳不来，我从没有放声唱过歌。

后来，我考上了大学，终于离开了那些知道我"底细"的童年伙伴，我渐渐地活泼起来，我以为我走出了那片阴影。但一天，同宿舍一位同学的一元钱放在桌上不见了，她漫不经心地一说，我顿时面红耳赤紧张得要命。还有一次，一位同事在办公室内丢失一双冰鞋，主任在组内政治学习会上提出此事，我立刻又"作贼心虚"般地满脸通红。

这些年来，我也曾想找那位老师向她说明此事，但听说她早已离开教育岗位。她结了婚，并已有了女儿。但我终于没去，我何苦要让她为这件事背上自责的包袱呢。

今天，我有了一位疼爱我并且能干的丈夫，也有了一个女儿。我只是想，一定要让我女儿的心灵从小就洒满阳光，我会小心翼翼地保护她纯洁的心灵。

 赏 析

活在这个世上，人人都要面对一个无法回避的问题——伤害。可能是我们无意间伤害了别人，也可能是别人无意间伤害了我们。

伤害，是对人性的一种亵渎。如果说，肉体上的伤害会痛及一时的话，那么，精神上的伤害则有可能痛及一世。

朋友，你的人生道路上受过伤害吗？如果你遭受过。那么就请你不要再去让别人体会受伤害的痛楚；如果你从未遭受过，那么就请你也让别人体会未受伤害的快乐。你说是吗？

书房梦想录

>> 陈兆平

我们的两只桨，是特殊材利制成：一只是知识；一只是理想。知识，是小船的动力；理想，是小船的方向。

好读书就爱做梦。百梦之中有一梦就是想书房。我知道这在目前是一件奢侈的事情，但我却对此念念不忘，想必有朝一日会有一间好的屋子作我静静的书房。日有所思，夜便有所梦。我的书房常常在梦中高高矗立。

这书房不必盖琉璃瓦，只需有一扇明亮的窗子就行。凉风从窗外徐徐送进来，随风翻动手中那一卷书，便自得其乐，千愁如春水东流去，一去不再复返。书中有人物，有鸟鸣，有诗意，有哲理，窗外也应该有一棵大树，要不那鸟鸣在何处栖身？我明白窗外是一个大舞台，人们扮演着自己的角色。那行为，那对话，那愁眉……不就尽在书中吗？静读书可以静观世界，可以交朋结友，可以神游名山大川，可感悟此生的许多行为，这书房于是就成了一个大看台。我站在看台上，可以静观，也可以望远，岂不乐哉！

这书房少不了的是一张书桌。不讲究质地精美或古朴典雅，只要能堆书能搁笔墨能写字就行了，桌上摆着朋友送的台笔，旁边还应栽一盆青草，可时刻看见许多熟悉的影子。透过草影寻望世事，便心潮汹涌。这时就合上爱读的书本，铺开那方格纸，拧开笔盂，便狂人般笔走龙蛇，开始了这一日的舞文弄墨。迟钝的文思变得敏捷起来，眼睛盯住格纸，笔尖在纸上迅跑，身边没有风声，跟前没有佳人，一心扑在一个意境里，拈来许多学会的文字，堆着心中的艺术墙，这静静的书房此时是最好不过的了，只有头上的灯光最清楚那笔路的匆忙，并知道灯下那人实在太傻也大有趣了。但他不知道那人白天写，夜里写，不也给这书房充满了盎然生机吗？生机在于那人内心有了歌唱，无论是幸福还是忧伤。

这书房的四壁是空不了的，一排排书，像排列整齐的士兵，被人检阅，阳光从窗口斜斜地照进来，照耀着那一溜溜书，书房中人一心想读古今好书，躬身不起挥汗写字，一本又一本。有一天他写的一本本小册子也站在了墙壁边，加入了那个渴望已久的队列，也被人检阅。尽管那小书是薄了一些，浅了一些，装帧也不那么豪华精美，但那是这人的心血和汗水铸就的纪念品，不也同样可以珍藏吗？

书房之事高雅但难求完美。只因平时找不到一安久处好好读书，就用这种臆想在梦中相见。意欲好梦成真，于是追记之。

■ 赏 析

想书房，就是想书。书与书房是不应该分家的，房里无书，也就无所谓书房；书不在书房，也就没有了那种幽幽的氛围。

书房是不能奢华的，古人云，"斯是陋室，惟吾德馨"，亦此理也。书房之豪华，也就没有了淡雅与宁静，而此二者，也正是书房之精髓所在。

想书房，就是想书；想书，才能写书。朋友，你想过要有自己的书房了吗？

青春无美衣

>> 飘　飘

飞翔的路上，尽管是含泪的风景，但最重要的是振翅高飞，永不停歇。

走下楼梯，远远地看见外婆正孤孤单单地站在萧瑟的秋风中，白发和落叶一起飞扬。在空旷的操场上，她瘦弱的身影显得那么的无助与苍老，我心一酸，眼泪掉了下来。

外婆是来给我送生活费的，还给我买了一条牛仔背带裤。"这么大的姑娘，也该打扮打扮了，我看别的女孩子都穿也给你买了一条。不算贵，五十块钱。"外婆的眼里流淌着慈爱的笑意。

背带裤是我向往已久的，但捧着它时心里却是沉沉的。五十块钱！那是外婆拾多少垃圾倒多少个马桶才凑齐的？

很小我就能够管得住自己，抵挡小伙伴身上那一件件漂亮衣裳的诱惑，因为我知道自己是和别人不一样的。我很小就没了爸爸妈妈，年迈的外婆独自一人负担我的学习和生活已是万分艰难。

十六七岁的女孩，潜意识里总渴望着别人的注目，而我总是失望总是被人忽略被人冷落，只因我身上永远是外婆缝制的土里土气永远也穿不完的灰色的与藏青色的衣服。

永远不能忘记，那天班里要排一个短剧参加学校里的汇演，高中的学生对这种演出已不感兴趣，没人愿意参加。老师在讲台上很为难，我站起来说："我可以演。"当时班里爆发出的哄笑声，是如何地刺痛了我的心；也不能忘记，有一次和几个同学参加区里的歌咏比赛，训练时那位"以貌取人"的老师把我晾在一边不教，一会儿派我去买冷饮，一会儿叫我去端凉水给他们几个擦脸，把我像个佣人一样支使来支使去，我感到十分难堪与愤怒。

是的，我不漂亮，我没钱买美丽的衣服，买洗发精护肤膏。无论是盛夏或是隆冬，我必须利用每个假日蹬着三轮车给杂货店送货以贴补家用。所以我的头发很黄，皮肤很黑，手指很粗，走路不文雅。可是，可是你们为什么不看看我的心呢？我照样拥有美丽而熠熠生辉的心灵！

那次歌咏比赛我获得了唯一的一等奖，我在如潮的掌声中接过光灿灿的奖杯，面对那位老师惊讶的神色，我在心里一字一顿地重复着"简·爱"的话，泪若泉涌——

"你以为我贫穷、卑微、不美、瘦小，我就没有灵魂，没有心吗？你想错了……"

逆境，可以使人沉沦，也可以使人奋起，感谢我倔强的不服输的个性，它使我在别人看不起我的时候没有自轻，反而因此而奋起。我把自己仅想成一个锐不可当的勇士，正站在人生这个大战场上，高举利剑大声呼喊："让所有的、所有的磨难都来吧！让我来征服你们！"

我的成绩一直是优异的，我的文章发表在校内外的刊物上，我参加市里的中学生辩论赛获得"最佳辩论员"的桂冠，评委们给我的称号是"笑面虎"，以至对方辩手说："我一看见她就害怕。"在学校的庆功会上，校长拍着我的肩，对着话筒说："这是我们学校的骄傲！"

面对无数双热情赞赏的眼睛，我的心平静如水——是的，这就是现实。一个人可以凭自己容貌和家境让人羡慕，而当你无法拥有这一切的时候，你只能凭自己的努力赢得别人的尊重，否则，你就会永远被人看不起。

每个人都是爱美的，我也不例外。无数次的夜里，梦见清晨起床，惊喜万分地发现被子蒙着一件亮晶晶的白纱裙，梦醒后那种巨大的失望，是一张结实的网，我被网在里面很久爬不出来。

拿到最多的一次稿费是一百元，捏着那笔"巨款"，我告诉自己要买一件最漂亮的衣服。穿梭在五彩缤纷的服装一条街，面对那么多美丽的衣服，幻想着每一件穿在自己身上的样子，我的心"突突"地跳着。而就在那时，在烈烈的阳光下，我看见我的外婆，拎着一只塑料袋，正弓着腰跪在地上，吃力地掏着阴沟里的一个矿泉水瓶，汗水，顺着她脸上纵横的"沟渠"流下来，满头的白发，在阳光的辉映下，亮得令我心酸。泪水，一下子涌到我的眼眶里。我飞快地转身，买了一个大冰淇淋，递到外婆面前。外婆开心地嗔怪着说："这得花多少钱啊？孩子，外婆不吃，你吃吧。"我说："我们还是一起吃吧。"于是一人一口，在路人的侧目中，舔出了笑声和温情。那一瞬间我发现自己其实是多么的幸福，我拥有再多的钱也买不来的真情，我是精神上的百万富翁。

人生没有绝对的事。我在失去的同时也得到了，而且得到的远远比失去的要多。命运一直是这么厚爱我，还有什么好埋怨的呢？

我把那条背带裤卖给了宿舍里的一位女同学，并用这钱买了那本我向往已久的余秋雨的《文化苦旅》，剩下的给外婆买了双保暖鞋——因为一到冬天外婆的脚就会裂口子。

青春无美衣，我并不遗憾。漂亮的衣服可以把女孩子们装扮成一朵花，而我曲折的经历赋予我坚韧、纯朴、勤奋的品质，会使我成为一棵松树。花总有凋谢的时候，而松树却可以长青。

■ 赏 析

有位哲人说过："上帝"在为你关上一扇门的同时，也必然为你开启一扇门。

你可以没有潇洒的外表，但你可以拥有美的心灵；你可以没有足够的金钱，但你可以拥有无价的精神；你可以没有扬帆前进的风，但你可以拥有划桨的双手。总之，"上帝"是公平的，它不会随便地赠予，也不会随便地剥夺。

记住：在"上帝"面前，每个人都是平等的，关键看你怎么去做。

世纪英雄

>> 张　筱

试着把生活的艺术与生命的本真状态揉合在一起，令我的生命在展现过程中饱涨着一种朦胧的诗意和美丽，诱发着一种浪漫的情怀。

在现实生活中，有许多东西让人不堪重负。于心灵的追逐中，我总是轻吟着那些浪漫隽永的话题。这不是一种超脱，更不是一种逃避。我只是试着把生活的艺术与生命的本真状态揉合在一起，令我的生命在展现过程中饱涨着一种朦胧的诗意和美丽，诱发着一种浪漫的情怀。从而，使我更加热爱生活、珍重生命。

处在现代这样一个特殊的环境及社会转型期，在新旧世纪的交汇之际，每一个人都对自然环境和人类的处境关注着、担忧着……每个人活得并不轻松。

黄河断流、长江泛滥、气候变暖、水土污染、土地沙化，耕地的鲸吞，资源的破坏枯竭……人类赖以生存的家园被人的贪欲所毁坏，大自然对人类无情地肆虐和报复。于是，有了那些可歌可泣的悲壮故事或浪漫隽永的话题：那些漂流长江、黄河的探险者；那些横跨南北游荡极地的考察者；那些追根溯源寻觅人类文明发展史的访问者；那些把生命留驻在"生命禁区"可可西里的志愿者；那些在抗洪救灾中用鲜血和生命守护大堤保护家园的捍卫者——这是真的勇士，这是真的英雄，是我们时代的英雄雕像群。他们具有的不仅是博大的心胸，灵魂飘逸的坦荡之气，更展现了一种精深的浪漫情怀。有人说："世界除了你加在里面的意义之外，就再也没有其它的意义了。"他们用青春生命和无畏行动，给这句话作了最好的注释。

■ 赏析

人常说，时势造英雄。那么，在新旧世纪交替时刻涌现出的英雄，也就顺其自然地成为世纪英雄了。

英雄注定要为群体的利益而战，真的英雄具有"博大的心胸"，具有"灵魂坦荡的飘逸之气"，当群体利益面临挑战之时，就会有多个英雄挺身而出，他们的身躯，在挑战面前定格，成为"我们时代的英雄雕像群"。

我们也要做世纪英雄。

致严父

>> 邱剑英

当我们的父亲的年龄开始沉重时，我们这些被他修剪而成的大树，是不是应该首先做他的一根拐杖呢？

你在我的眼睛里是一张犁。

你生命之树的表皮很旧很旧。树叶省略了，树干弯成了你的形体，树根变成了你的一双青筋暴露而又伤痕累累的手。

你确实是一名称职的木匠。在 60 圈的年轮里，你用三分之二的日月作为始点和终点，弹奏着墨线把弯木取直，砍去历史的死节，刨去世道的不平。尽管你的性格像墨线那样直来直去，但也会将直木取弯，锯掉多余的麻木、刮掉突出的棱角。你还善于用你的凿子雕刻着自己，最深刻的作品便是你额头上的篆体，这种文字的涵义只有你自己才能读懂。

岁月压弯了你如犁的腰。你一生做了许多许多农具，也把自己做成了一张合格的犁。我是在你耕耘的乐土里长高的一棵榆树，你更知道直木与曲木的用处，常用左眼和右眼的软刀子，为我打枝抹杈。你从不以老子自居在树荫下纳凉，只是喜欢于树荫以外抽着雪茄打量着我的挺拔。

如今你挪着沉重的年龄，沿（我）的周围骄傲地踱步。你那弓形的身影让我感到酸感与苦楚。我必须先不想做梁也不做犁，就做你一根适用的拐杖吧，因为你一辈子为别人斧正，还从来没有拾起过夸父扔下的那根桃枝哩！

■ 赏析

有人说，父爱是座大山，我们做子女的，要用整个生命去解读父爱。

父爱是含蓄的，每一个父亲都具有这种美德。他们从来不把爱说出口，但他们却用自己辛勤的劳动，为子女耕耘着那片土地，纵使我们长大了，父亲也只是喜欢"立于树荫之外"，"抽着雪茄打量着我们的挺拔"。

亲爱的朋友们，当我们的父亲的年龄开始沉重时，我们这些被他修剪而成的大树，是不是应该首先做他的一根拐杖呢？

■ 另起一行

>> 大 卫

走错了路不要紧，关键是能否从错路中吸取有益的教训，把身躯化成一支笔，跌倒在哪个地方，就在哪个地方重新另起一行！

人生有好多条路，你只能走好其中的一条，我们都是凡夫俗子，谁都不能圣人一般地把自己的脚印叠加成一个个正确无误的路标。有时候，我们难免迷迷糊糊地误入歧途，或者神思恍惚地走上一条远离目的地的岔道。等你陷入了生活的怪圈，才会突然觉得早就应该把自己执著的目光拓展成人生的跑道。

面对这个可爱又可恨的世界，真的让人感到既兴奋又无奈，每个人都有自己最恰当的生活方式。有的人天生是个能把落叶弹成音符的钢琴家，于是，她把长长的头发悠扬成动人的旋律；有的人命中注定是个能把云霞泼成一幅清雅的国画的人，于是，他把夜色磨成一池墨汁。但是，生活常常阴差阳错，你对舞蹈迷得如痴如醉，命运却安排你去当电话机务员，面对铃声的此伏彼起，你的脚尖一点也不能芭蕾；你本想当一名电气工程师，但命运之手却把你推进办公室，让岁月把你雕塑成一把椅子，在报纸与茶水中，体验生活的寡谈与无味。我想，人最得意的莫过于干自己所爱好的工作，这样不仅心情舒畅，而且容易全方位发挥自己的潜力。爱因斯坦老先生说过这样一句名言：爱好是最好的老师！

我有一位从名牌大学企管系毕业的朋友，今年该分配工作了。按常规应该顺理成章地进企管部门工作，但是通过对自己的性格及个性的彻底分析，她觉得如果那张毕业证书把她贴上"企管"的标签，她可能很难向社会淋漓尽致地推销自己。她觉得她敏捷的思维、不浅的文学功底及那一份专心致志的敬业精神更适合于干记者。于是，她多方奔波，终于在沿海一家颇有名气的省报谋得记者一职。如今，她马上就要走上工作岗位，在报纸上发表自己的汗水与微笑了。我觉得她是一个成功者，前些时候打电话向她祝贺，想不到她竟淡淡地说：其实，这根本算不了什么，我只不过比较清醒地找到自己的最佳位置而已，犹如高速运行的电子找到了一条最适合自己运行的轨道。说句良心话，谁都想最大限度地发挥自己的能量，但是，由于种种原因，并不是你想干什么就让你干什么的。目前，有许多人是在自己并不喜欢的岗位上，干并非自己所愿干的工作。在这种情况下，还是不要着急为好，所谓的生活其实就如写文章一样，当你发觉笔下的那一句不是自己最满意的言语，甚至是败笔的时候，那你就暂时停笔思考一下，等到精彩的华章涌向笔尖，何妨另起一行重新抒写，直到满意为止。

朋友的话给了我很大启发，放下电话我不禁陷入沉思。"另起一行"的涵义绝不仅仅是指这些：譬如，当你失恋了，不必苦闷也不必忧伤，静心地对自己的过去重新思忖一下，相信有一个美丽的恋人会在某一个地方等你，等你把所有的烦恼统统抛光，等你把向来温情的月光握成笔，重新在爱情信笺上另起一行。

又譬如，当你事业受挫了，你不必灰心丧气，相信坚强的信念定能点亮成功的灯盏，相信布满血丝与劳顿的眼睛，在总结失败教训的基础上，定会另起一行。

不管怎么说，"另起一行"就是意味着永不松劲，永不萎靡，意味着在困境中重新崛起！

"另起一行"就是意味着找到自己最佳位置，找准属于自己的人生跑道。这世界上的路有千条万条，但最难找到的就是适合自己走的那条道。走错了路不要紧，关键是能否从错路中吸取有益的教训，把身躯化成一支笔，跌倒在哪个地方，就在哪个地方重新另起一行！

■ 赏 析

把自己化作一支笔，在必要时另起一行。

另起一行，意味着你又成熟了一些；另起一行，意味着你又前进了一步；另起一行，意味着自强不息，在困境中崛起；另起一行，意味着找到了人生的坐标；……

"人生最得意的莫过于干自己所爱好的工作。"在关键和必要之时，朋友，你是否也会另起一行？

失败了，不后悔

>> 云海辉

给自己找个对手，并不是盲目地寻找"挑战者"。我们这些凡夫俗子也有一个强烈的渴望，那就是给自己找个对手，让平淡的生活激荡出一些清亮亮、蓝盈盈的浪波。

下午，我冒雨去报刊亭买《中学生》，只剩最后一本了。我带着庆幸翻开，"反败为胜"专栏里的一篇文章，蓦地打开了我记忆的闸门，我的梦仿佛又飞回来……

初二的时候，我在伯伯家的旧书柜里翻出一本发黄的《大众电影》。那天，整个下午我都在自己的房间里仔细地看着。也就是从那时起我才知道世界上有一种职业叫电影演员。于是，在我还不能理解什么是"理想"的时候我油然生出一种"当电影演员"的念头。第二天我便跑到县城去买最新的《大众电影》。那是我第一次独自去十多公里外的县城，由于不熟悉路，我好几次都走错了道儿，东打听西打听才来到县城。当我手中拿到那本精美的《大众电影》时，我那高兴劲就甭提了，双手捧着它，仔细地端详，仿佛整个世界都在我的手中。回到家，我累得倒在床上便进入了梦乡。醒来后，妈妈问我一整天干什么去了累成那样，我竟第一次撒谎说帮同学家干活儿去了！不过，那天我的确为自己深感骄傲，觉得自己干了一件了不起的事。

以后，我便开始偷着练习普通话，学朗诵，看电视剧学表演，当然每个月还要去县城买《大众电影》。也许，你根本想象不到那时我的痴迷程度。家里没人的时候，我就念报纸、朗诵散文，甚至对着镜子看自己的口型标准不标准；家里有人，我就不得不跑到村外的野地里去练习。记得，那天刚下过一场大雪，寒风刺骨，我顾不得这些，独自一人来到野外，大声朗读郭小川的抒情诗。也许是太入情了，两个多小时在不知不觉中过去。回到家，我才发现我的手已被冻肿，而且得了重感冒。就这样，我一边勤奋地学习，一边充分利用课外时间学表演。没有老师的指导，我只能自己摸索，走了不少弯路，干了不少傻事。

一九九三年，我以优异的成绩考入县一中，这对我们这个穷村子来说是很了不得的事。可是，我还有更灿烂的梦，还有更美好的追求。我没有忘乎所以，我要继续努力去圆我的影星梦。到了县城，我一下子成熟了许多。那年，我家发生一点变故，经济上变得比较困难。我每个月的花销妈妈计算得十分"精确"，我手头不会再有多余的钱。可是，我要看的书已不只是《大众电影》了，我要读一些关于电影表演方面的理论书籍。钱，哪里来？咬咬牙，从伙食费里挤！没想到我这个一直很爱面子的人，居然能在吃大鱼大肉的同学堆里啃咸菜了。一个月下来，我一下子掉了十斤肉，不过，我总算攒下一百多块钱。

钱有了，可书到哪买呢？要知道县城里的书店可没有这种"冷门"书。我壮壮胆子，横下心，向班主任请了一天假，只身来到北京。在电影出版社门口的外销部里，我终于买到了《电影表演基础讲座》、《斯坦尼斯拉夫斯基戏剧理论》等几本书。然后，马不停蹄返回学校。我没有看北京的风景，不是没心思，是没钱。

后来，我又煞费心思从各种渠道搜集到中央戏剧学院、北京电影学院、上海戏剧学院等几大中国艺术院校的地址。接着，我又攒钱买了一台"随身昕"，不是为了学英语，而是为了帮助学习普通话发音。而且，每个星期我都要给艺术学校写信请教，当然我也收到好多来自各大艺术院校的来信。同学们看到那些信封十分惊奇，我什么也不说，一切都是秘密进行的，因为我不想让同学们嘲笑我"癞蛤蟆想吃天鹅肉"。

每天，我为了自己的梦忙得不亦乐乎，没有心思打扑克、踢球，糟糕的是我的学习成绩受到严重影响。我太爱表演艺术了，为了这个理想我可以舍弃一切！我的决心坚强得没有任何力量可以把它改变。

高三上学期，我开始着手准备参加中央戏剧学院的考试。最令我头痛的又是"资金问题"。因为我想神不知鬼不觉地去北京，不让任何人知道。真的，我怕失败了遭人讥讽。急中生智——凭着多年的写作功底，我急笔写成一篇文章，寄给某大报参加比赛。也许是上天的恩赐，那篇文章出乎意料地获得一等奖。于是，我得到奖金六百块钱。

一九九六年春，一个风和日丽的早晨，列车载着我奔向朝思暮想的北京城。在东城区的东棉花胡同，我找到了那个曾培养出巩俐、姜文等大牌明星的"中戏"。我激动啊，那种感觉就像沙漠中疲惫不堪的旅人看到一片绿洲。初试、二试，我都顺顺利利地通过。三试，已从几千名参考者刷到几十名。然而在最后的时刻，我终于没有逃脱被淘汰的命运。当时，我没哭，只是大脑里一片空白。我那美丽的梦一下子被打得粉碎，我感觉自己失去了一切一切。

于是，我又回到学校。三个多月后的高考又给了我一个沉重的打击。

失败！失败！难道我会永远失败？那些日子我每分每秒都这样问自己。后悔？后悔？不久我从来不做后悔的事情。生活公平吗？生活给予每个人的机会都是均等的，只看你怎样正确地看待自己，如何寻找应该属于自己的真正位置。

我义无反顾地进入了补习班……

今天，我已是河北经贸大学的一名学子。此时回想起过去追梦的历程，依然感到自己的伟大。毕竟，我从失败中学到了许多许多宝贵的东西，它将是我一生享受不尽的财富。所以，我也想告诉朋友们，人不要惧怕失败，只要你能从失败中奋起，那你依然是条汉子！

■ 赏 析

作者对电影从了解到喜欢，到想当一名电影演员。并为此付出很多心血和努力，真可谓用心良苦，为"伊"消得人憔悴。虽然自己的努力被"风吹雨打去"，并且高考名落孙山，但还是"衣带渐宽终不悔"。从失败中找回了自我，翌年高考成功。

能为自己热爱的东西付出艰辛，甘心情愿。成也英雄，败也英雄！是啊，"生活给予每个人的机会都是均等的，只看你怎样正确地看待自己，如何寻找应该属于自己的真正位置。"朋友，你能经得起接二连三的失败吗？你能在失败后一跃而起吗？你能正确对待失败吗？你能……

渡河少年

>> 戎　林

希望像一盏小小的灯火，让我们在苦难中看到光明和美好的一面——
只要放开握着的手，就可以拥有自由跳跃的命运！

一条清澈的小河，一条泊在岸边的渡船。

我立在船头，一身蓝色的衣服倒映在水里。船身开始晃动，船老大
拿着一根竹篙上来了。一个背着书包的圆脸少年站在河埠上朝老人大声
问："老爹，没钱能上船吗？"

老人正在弯腰解着缆绳，头也不抬："没钱坐什么船，笑话！"

竹篙一点，小船离岸而去。

孩子像当头挨了一棒，孤零零地立在岸上。离得老远，我看见孩子
两眼睁得溜圆，牙帮骨在不停地移动，两道小刷子似的眉毛紧紧地拧在
一起。忽然，他把衣裳一脱，连同书包擎在手中，"哧溜"一下滑进了
河里。

秋风秋水，他受得了吗？一股同情的潮水从我心上漫过，想喊，没
喊出声。那孩子举着衣服、书包，踩着水，一摇一摇地向河当中游去，
黝黑的脸蛋冻得乌青。撑船的老汉愣愣地望着，忽然大叫："孩子，上
船快上船！"

孩子好像没听见。

船撑到孩子跟前，孩子使劲把头别过去。

"上船吧——别冻坏了。"老人似乎在哀求，"钱一分也不要。"

孩子不理他，依然向前划。落满彩霞的河水被孩子的臂膀切割成一
块块五彩的锦段，那手中的花格子衬衣活像五彩的花瓣，黄黄的书包真
像花瓣中的花蕊。

好一朵开在浪花丛中的奇葩！好了个倔强的少年！

终于到了对岸，泥鳅一般蹿上了堤埠。阳光在他的脊背上滚动，像
一条条刚出网的银鱼在蹦跳。他把衣裳一套，捡起书包，飞也似地跑
了。河边的沙滩上，写下了一条长长的水线，像一条无限延长的省

略号。

后来，我打听到了，那孩子考取了对岸的中学，那天是开学的头一天。

有趣的是，以后我每次过河，只要赶上学生上学放学，总会看到那个圆肚少年在河里游来游去，数年后，少年居然从这条小河游进了大海，成了一名游泳健将。他给撑船老人来过一封信，称他是他的启蒙教练，要感谢他。

可惜老人已长眠在河边的沙丘里，没看到这封信。

 ## ■ 赏 析

我们的人生，其实正像那渡河少年，或许只是一个不经意间，就开始了人生的一个转折，可能走向辉煌，也可能走向黯淡。

渡河少年无舟船可乘，只有勇敢下水，不顾秋风瑟瑟，也不顾河水冰凉。坚定信心，执着前进，靠着这种大无畏精神，渡河少年从小河游进了大海，成了一名游泳健将。

朋友，在人生渡口面前，我们该如何做呢？是甩开膀子游过去，还是畏首畏尾，萎缩不前？

生命如雨

>> 晓 苒

生命有时就如一场雨，看似美丽，但更多时候，你得忍受那些寒冷和潮湿，那些无奈与寂寞，并且以晴日的幻想度日。当没有阳光时，你自己便是阳光，没有快乐时，你自己便是欢乐！

那一年，高考失败后的我一个人来到了远离故乡的一个多雨的江南小城复读。寒秋的雨将一颗心凋零得斑驳沧桑，以为生命中从此无歌亦无梦。

那时，我结识了昕，那个让我在多年后的今天，忆起来依旧有种温暖如初感觉的男孩子。

我们那时的座位是按考试名次排的，惨不忍睹的成绩注定我只能坐在后几排没人注意的角落里。就在那时，刚从外地转学来的昕暂时成了我的同桌。

又是一个雨天，眼睛本来就近视的我眼前一片模糊。我揉着酸痛的眼睛。心里阵阵伤感，为着不争气的成绩。我装着低头看书想掩饰自己的脆弱，低头的那一瞬，昕把他那记得清爽整齐的笔记本推到了我面前，而眼中那一滴涌动已久的泪，终于永远地落在了昕的笔记本上。

那以后，每天放学昕都悄悄地把笔记本递给我。我一直相信昕是那种极优秀的男孩子，悟性极高的他本不需将老师的笔记完全翻版一遍。我们虽然很少交谈什么，可我知道，他是第一个走进我生命的男孩子。

期中考试后，昕以第一名的成绩坐在了前排，而我依旧在后几排徘徊。而每天放学，昕跨过几排座位，依旧递给我笔记，有时是几本复习资料。他依旧是浅浅的笑便无语走开。

现在回忆起来，那段活在关心与感动中的日子竟是有生以来最清澈美丽的时光。心情不再忧郁，功课也渐渐好起来。

可后来的一次月考中，数学不慎考得差极了。那天下午，我第一次旷了课，一个人近乎疯狂地在雨中奔跑，感觉自己就像寒风里守候叶子的小鸟一样无依无助。回到寝室后，室友递给我昕的笔记，打开时，一张纸条跃入眼帘:"生命有时就如一场雨,看似美丽,但更多时候,你得忍受那些寒冷和潮湿,那些无奈与寂寞,并且以晴日的幻想度日。当没有阳光时,你自己便是阳光,没有快乐时,你自己便是欢乐!"一颗心顿时澄澈了许多,双眸也因这雨季而涨满温柔的泪水。

生命如雨。望着纸条,很茫然心痛那一刻,我相信生命是一种绝对的真挚与宽容。

半年后,当我收到大学录取通知书时,再取出那张纸条,"生命如雨",有种痛楚和温柔渗透在一起的感觉在那一刻涌上心头。感谢昕,在我生命中最无助的时光里,给了我不仅是鼓励与安慰,更是足以延续一生一世的支持。

■ 赏 析

生命,有时就像一场雨。

雨给我们的感觉,是美丽的,晶莹的雨珠如断线般洒下,这是一道亮丽的风景;但雨又是寒冷和潮湿的,在我们感受美丽的同时,又伴有些许无奈与寂寞。

生命如雨,需要我们自己去体会,有雨的时候没有阳光,就让我们自己成为阳光吧!雨过后,我们一样能看到自己的阳光折射的彩虹。

雨夜独步

>> 陈开心

抖落那无休无止的湿润的纠缠，将那雨中夜中零零落落的思绪和飘扬的情愫放逐在茫茫夜空中；品味一次次曾经向往而又曾经失去的憧憬；许几个无影无形的愿，忘却一些本已不十分清晰的往事，然后再爽爽快快洒洒脱脱地幻化出一种比陶渊明的世外桃园更美丽恬静的境界。

轻柔的春雨也好，庄严凝重的冬雨也罢，反正只要是有雨的夜晚，我都喜欢走出能容我身躯和容我思绪的小屋。不披蓑衣，不戴斗笠，不撑雨伞，就活脱脱地走入雨中，让雨水尽情地亲吻，让雨夜随意地拥抱。不在乎雨丝淋湿头发，不在意雨水淋湿衣裳，更无所谓千丝万缕的雨网模糊视线。我只想让雨湿透心田，洗去已经陈旧的意念。

甩甩头发上的雨滴，抖抖紧贴身上的湿衣，只管坦然地走，走出小巷，踏上大街。这时的大街很清很静很纯很洁，既没有难以入耳的噪音，也没有四起飞舞的尘埃。不但少了许多双眼睛的诚意光顾，而且少了许多情侣的善意怜悯。这样，我就可以什么都想，又可以什么都不想。即便喜怒哀乐形于色，也只有路灯能够觉察，能够领会。这样，我就可以清醒地回味那杯咖啡那块方糖还有那封只有唯一一个问号的情书。这样，我就可以轻松地捡回那星星点点的失落，抖落那无休无止的湿润的纠缠，将那雨中夜中零零落落的思绪和飘扬的情愫放逐在茫茫夜空中；品味一次次曾经向往而又曾经失去的憧憬；许几个无影无形的愿，忘却一些本已不十分清晰的往事，然后再爽爽快快洒洒脱脱地幻化出一种比陶渊明的世外桃园更美丽恬静的境界。

雨夜的大街稀松宽敞，偶有脚步也很匆匆，仿佛是一条条急着避入安全港湾的小船，可我在这样的雨夜大街中独步，却丝毫也没有孤独的感觉，反而使我体会到所谓的潇洒。踏着那雨点落在街上溅起的朵朵浪花行走，我好像是在阅读一篇优美的童话。

我喜欢独步，尤其是雨夜独步。雨夜，虽然不太明朗但并不茫茫。

■ 赏 析

　　我没有体会过雨夜独步那种感觉，但可以想象得出：轻柔的雨滴从脸颊淌下，湿透的衣襟紧贴在身上，"任凭风吹雨打，胜似闲庭信步"，这该是多么的惬意！

　　雨夜独步是一种洒脱，在和风细雨的夜的大街上独步，相信一天来所有的不舒心都会随雨而去的。这时的心情只有一个字——爽。

　　朋友们，想试试这种感觉吗？那么，到雨的夜的大街上去独行吧！切记：不要打伞。

走不出那座山坡坡

>> 陈开心

山，就是造物主在土地上面塑造的精华，她崇高而神秘，她苍翠而富饶，她是我们这块土地上的永恒。

有位文友说，山就是诗，看见山就有写不完的诗。

山是崇高的。老家对面小河那边的那座山，那么高，直插云霄。儿时幼稚，说是要登上山巅去追赶天边那些披着金花的骏马大牛绵羊。约几位打着赤脚露着小胸膛的小伙伴，硬往山顶爬。可是到了山巅才发现，天边却在更远更高的另一座山巅上。于是，又有了攀登另一座高山的向往。

山是苍翠的。那一片片橄榄林清翠油绿；突兀的岩缝中生长起来的松树格外挺拔，一林林根连着根以坡为本，枝连着枝覆盖山坡，你挨我我靠你，显得多么精诚团结。

山是富饶的。那一块块石头，一坨坨黄泥，一颗颗砂粒，一株株小草无一不是瑰宝。人们祖祖辈辈繁衍都与山息息相关，在山坡坡上种植苦荞玉米，在山坡坡上放牛牧羊，同时也在山坡坡上收获山歌和希望，收获朴实和勇敢。

山是神秘的，山坡坡上林径幽静，野花芬芳；鹿子兔子出没，孔雀山鸡栖息，自然也就有了猎人斗豹的壮举，牧羊女遇仙的奇趣，放牛郎失踪的许许多多神秘故事。

山是永恒的，那一座座护林防火岗哨巍然屹立在山坡，像亭、像塔，更像眼睛。那持枪的护林员游走林海，是山神，是林仙，更是山林之魂，护林员与岗哨同在，美丽的山坡坡与岗哨共存。

而今，我走出了故乡进入小城，可怎么也走不出那座美丽、神奇、富饶的山坡坡。

■ 赏析

人们的心灵深处，都会隐隐约约地埋藏着对土地的依恋。因为，这片土地是我们祖先繁衍的地方，是我们民族赖以生存的最坚强的依靠。

　　而山，就是造物主在土地上面塑造的精华，她崇高而神秘，她苍翠而富饶，她是我们这块土地上的永恒。

　　爱山，就会记住山。

　　记住山，生命之动力便会持久。

■握 手

>> 吴 雯

你不要把那人当作朋友，假如他在你幸运时表示好感。只有那样的人才算朋友，假如你能解救你的危难。

在相当长的一段时间里，握手总是和"同志"这个严肃得让人拘谨的称谓联在一起，不能称作"同志"的两个人，手是绝对不能相握的，至少在公开场合。于是握手就不仅仅只是一种礼节，而是具有了某种约定俗成的权威性。那些做了右派的人，那些在历次政治运动中被打入另册的人，他们是最渴盼握手的人，因为握手就意味着灾难的结束，就意味着又能走进"同志"的行列。

握手真正趋于本义是近十来年的事。我恰逢此时做了一名记者，城里走乡里走，握纤手握绵手握茧手，握者无数，却握得坦坦荡荡。可是手握多了，却也能慢慢读出一些手的语言。

那像哨音掠过窗根的轻轻一握，那像小鸟偎依的绵绵一握，那像抽刀断水的重重一握，那像阅读一段故事的长长一握，无一不寓含着语言，有的在诉说着自己的性格，有的在传递着自己的热情，有的在暗示着自己的心事，有的告诉你他的戒备，有的提醒你他心里的芥蒂。

谁说手都是缄默无语的呢！

无数次握手，可是真正留在记忆里的握手似乎并不多。

记忆鲜活的是与一个人的两次握手，那是 16 年前，我陷在一段欲爱不行、欲罢不能的感情纠葛里，苦苦挣扎了许多日子后，终于下决心了断这段情缘。我决定远行，从此天各一方不再相见。告别时，我伸出手，他紧紧地握住，没说一字，我却能读懂他手上的全部语言。

距那次握手 12 年后，我们邂逅在一个无法回避的场合，我们同时迟疑地伸出了手，一句"你好吗"，心已泪雨纷飞。

难以忘却的还有一次是病床边的握手。被疼痛折磨的我，像一只受伤的猫蜷缩在病床上。我渴望抓住点什么，似乎只有那样才可以减轻点痛苦。就在我的手在床边摸索时，一只温热的手握住了我的手，这是丈夫的手，我感到了一种依靠一种抚慰一种像受了委屈时靠在妈妈怀抱里的感觉，充满了惶惑的心像飘荡的小船被牢牢地系在了岸边，疼痛竟不像刚才那样难以忍受了。过去，我曾无数次握过的这只手，却似乎从来没有留下过深刻的记忆，只有这一次的感觉至今仍在我的感情里鲜活着。

握手里能翻拣出这几页难忘的记忆，也算不易，因为礼节性的握手，更多是缺少内容，不需要也不值得珍藏的。

值得珍藏的握手是心与心的相握。

 赏 析

不同的时间，不同地点，不同的人之间握手的长短、方式、力度是不同的；握手人的态度、感情、心境也是有异的。

礼节性的握手是轻随的，没有内容的；被动的握手是冰冷的、应付的。惟有有丰富内容、有意义，心连心的握手是值得珍藏的！

追求是生命的活力

>> 莲 子

人生之最大的满足不在于获得，而在于不断地追求，追求新的生活、理想、目标。只有追求和寻觅才是有趣的，才是生命的活力、人生之真谛。而一时的满足，会使生命失去活力、生活失去诗意。

有人说，梦想成真是人生之最大满足。

三个青年朋友在一起畅谈人生，都表示愿为实现各自的梦想而奋斗。A 说："我想成为富翁，要什么有什么。"B 说："我愿成为名人，让人们崇拜我。"C 说："我要娶最美的女人为妻，让同伴羡慕。"

十几年后，当年的三位年轻人已进入中年，他们当初的梦想都已成真。A 成了当地一大富翁，B 成为享誉海内外的名作家，C 娶了一位极其美丽的女子为妻。他们获得了人生之最大满足吗？三位朋友再次坐在一起推心置腹。A 说："金钱使我富有，也使我恐惧，我有了许多钱，就有了许多朋友，他们希望从我这里得到赞助、借贷、支持，我和人的关系已撕破了温情脉脉的面纱，全变为金钱关系。我真害怕，万一哪一天我又沦为穷人，现在的朋友会怎样对待我。"B 说："成了名人，被别人崇拜敬仰，名气和诱惑力很大，但要维护和装饰它太费力气。名气带来了虚假和麻烦，时时被名利所缠绕，我感到太累、太厌烦。我真想做一个默默无闻却追求不息的人。"c 说："娇妻很美，但日日相处，就越看越平常了，况且美女娇娆，少了纯真朴实，爱河中便映出了阴影。"

三个朋友的梦想成真以后，却又从顶点绕了回来，重新感到了不足。由此可见，人生之最大的满足不在于获得，而在于不断地追求，追求新的生活、理想、目标。只有追求和寻觅才是有趣的，才是生命的活力、人生之真谛。而一时的满足，会使生命失去活力、生活失去诗意。

正是基于此，人们总是用最美妙的词汇赞美春天、歌唱春天。因为春天是播种的季节，是充满希望、充满生机和活力的季节。

■ 赏 析

"运动是绝对的，静止是相对的。"当我们的往昔梦想成真后，你感觉欣喜之后你又会觉得空虚。时间、空间、条件能够改变世上一切东西。你若想和时代同步，你也必须不断追求。因为只有这样，你才会感到充实。除非你是一个不求上进的人。

在这里我们不难找到，人生快乐的源泉就是不断追求。人生最大的满足也是不断追求！

■ 别开枪，我有成功的预感

>> 唐小峰

当我相信自己还能梦想一个比现在更美好的我时，我就找到了慰藉，就找到了深深的快乐。

普拉格曼是美国当代著名的小说家，在学历上他甚至没念完高中。在他的长篇小说获奖典礼上，有位记者问道：你毕生成功最关键的转折点在何时何地？普拉格曼认为第二次世界大战期间在海军服役的那段生活，是他人生受正式教育的开端。他回忆说：

事情发生在 1944 年 8 月的一天午夜。两天前他在战役中受伤，双腿暂时瘫痪了。为了挽救他的生命和双腿，舰长下令由一个海军下士驾一艘小船，趁着夜色把他送上岸去战地医院医治。不幸，小船在那不勒斯海湾中迷失了方向，那名掌舵的下士惊慌失措，差点要拔枪自杀……普拉格曼镇定自如地劝告他说：你别开枪，我有一种神秘的预感，虽然我们在危机四伏的黑暗中飘荡了 4 个多小时，孤立无援，而且我还在淌血……不过我认为即使失败也要有耐性，绝不要堕入绝望的深渊。没等他把话说完，突然前方岸上射向敌机的高射炮的爆炸火光闪亮了起来，原来他们的小船离码头还不到 3 海里。

脱险之后，普拉格曼在回忆中这样写道：自从那夜之后，此番经历一直留在我的心中。这个戏剧性事件竟包容了对生活真谛认识的整个态度。因为我有不可征服的信心，坚韧不拔，绝不失望，即使在最黑暗最危险的时刻，我相信命运还是能把我召向一个陌生而又神秘的目的地……

尽管每天我总有某方面的失败，但当我掉进自己弱点的陷阱时，我总是提醒自己，重要的是要了解所以失败的原因，这更接近认识自我的一种日常生活的严峻考验。无论如何，当我相信自己还能梦想一个比现在更美好的我时，我就找到了慰藉，就找到了工作过程中的深深的快乐。

■ 赏 析

没有深味过失败的人生是无味的；没有经历过生死考验的人生是不会深深体会到生命的可贵的。

朋友，你想让你的人生更加有味道吗？你想真正体会生命的宝贵之处吗？那就请你正视失败，相信自己能够"陷于死地而后生，投以亡地而后存"。经历长期的失败后必然物极必反，一切会峰回路转，只有这样的人生才能更知道人生的意义，知道生命的真谛。

那就是——坚持到底就是胜利。